Nicolas Savy

Combats en Quercy

De - 51 à 1944

ARCHEODROM

Combats en Quercy

Introduction

Pourquoi évoquer quelques grands combats qui touchèrent cette tranquille province du Quercy ? Justement, en fait, parce qu'elle est bercée d'une quiétude qui touche parfois à la torpeur : on y vient pour son art de vivre, son patrimoine majestueux, ses spécialités savoureuses. Les touristes ne devinent pas, derrière le paisible paysan à béret, le restaurateur affable ou l'impassible agent des routes besognant sous le dur soleil estival, les lignées de guerriers qui, durant des siècles, se levèrent pour défendre leurs maisons, leurs champs, leurs villes, leurs rois, leur pays et, surtout, leur liberté.

Les conflits furent nombreux à toucher directement le Quercy, de la guerre des Gaules à la seconde Guerre Mondiale, en passant par la croisade des Albigeois, la guerre de Cent Ans et les guerres de Religion. Il est cependant impossible de faire l'inventaire de tous les combats qui s'y déroulèrent, pas plus que de raconter en détail les plus importants d'entre eux, faute de sources précisant quelques précisions indispensables pour les comprendre. Il y en a heureusement quelques uns qui font exception, ils vous sont présentés dans cet ouvrage. On y découvre tour à tour la détresse qui fut celle de la province durant certaines périodes, la détermination et le courage dont firent preuve ses enfants, mais aussi l'adversité à laquelle ils durent parfois faire face.

Des limites du Toulousain à celles du Limousin, des rives de la Dordogne à celles du Célé, on peut encore entendre, pour peu que l'on veuille tendre l'oreille, résonner l'écho du fracas des épées et des rafales de mitrailleuses… Partons dans sa direction.

Uxellodunum, le dernier combat
(51 avant J.-C.)

Beaucoup de Français pensent que le dernier village à résister à Jules César était celui d'Astérix, en Bretagne, imaginé par Goscinny et Uderzo. Pourtant, c'est bien loin de la péninsule armoricaine, sur les terres de la tribu des Cadurques, que se déroulèrent les ultimes combats de la guerre des Gaules.

On ne sait finalement qu'assez peu de choses des Cadurques, tribu celte qui donna son nom au territoire sur lequel elle était installée, le Quercy ; il convient de le rappeler, celui-ci couvre l'actuel département du Lot et le nord de celui du Tarn-et-Garonne jusqu'à Montauban. On doit à ces farouches Gaulois nombre de forteresses, appelées *oppida*, comme Murcens, l'Impernal, Capdenac, les Césarines, Béars, le Puy-d'Issolud, le Roc de Colonjat, etc., dont il ne reste souvent, il est vrai, que quelques vestiges ; ils sont néanmoins bien visibles et l'on peut s'y promener en se laissant aller à imaginer la vie qui régnait jadis en ces lieux qui, tous situés sur de hautes collines bordées de falaises, sont écrasés de soleil en été et balayés par les vents froids en hiver.

En 58 avant J.-C., Jules César entreprit la conquête de la Gaule. Trois ans plus tard, il tenait déjà la plus grande partie du pays à l'exception des régions centrales, autour de l'Auvergne. Ce n'est qu'au cours de l'année 52 avant J.-C. que le fameux Vercingétorix fit son entrée en scène dans le conflit en soulevant son peuple, les Arvernes, contre les envahisseurs romains ; il fut bientôt rejoint dans sa lutte par de nombreuses autres tribus, dont était en particulier celle des Cadurques. L'un de leurs chefs, Luctérios, connu pour son intrépidité, fut alors envoyé chez les Nitiobroges (région de l'actuel Agenais), les Ruthènes (région des départements actuels de l'Aveyron et du Tarn) et les Gabales (actuel Gévaudan) pour les gagner à la révolte ; il prépara ensuite une expédition pour attaquer les territoires romains de la Narbonnaise, mais annula son projet face aux dispositions défensives prises par l'ennemi. Il participa ensuite à la bataille d'Alésia, mais on ne sait comment il se sortit de ce guêpier une fois que la place fut tombée et sa garnison prisonnière.

La défaite d'Alésia ne calma pas la détermination de Luctérios à combattre les envahisseurs romains ; il s'allia alors avec Drappès, un autre chef gaulois décidé à poursuivre la lutte et appartenant au peuple des Sénons (qui occupait la région de l'actuel département de l'Yonne). Les deux hommes rassemblèrent des troupes et se préparèrent à attaquer la Narbonnaise, mais leur projet fut éventé ; un lieutenant de Jules César, Caius Caninius, se lança alors à leur poursuite à la tête de deux légions. Talonnés, les Gaulois prirent la route du pays des Cadurques : la population leur était favorable et ils pourraient s'y retrancher dans l'une de ses puissantes forteresses. Finalement, ils optèrent pour l'*oppidum* d'Uxellodunum.

Luctérios comme on se l'imaginait au XIXᵉ siècle. Ce buste, sculpté par Auguste Molchneht en 1844, est visible à la bibliothèque municipale de Cahors.

Caninius les suivait de près. Arrivé devant la forteresse, il lança ses hommes au travail et fit établir une ligne de circonvallation tout autour pour l'isoler, suivant la classique tactique de siège romaine. Le dispositif en place, il s'aperçut rapidement que ses troupes n'étaient pas assez nombreuses pour le tenir efficacement ; il décida alors de les regrouper sur trois points hauts bien situés autour de l'*oppidum* de manière à prévenir tout mouvement des assiégés vers l'extérieur.

Reconstitution d'une ligne de circonvallation romaine, visible à l'Archéodrome de Beaune (21).

De leur côté, Luctérios et Drappès ne restaient pas inactifs. Ils avaient encore à l'esprit les erreurs commises à Alésia, où le manque de vivres avait amené la garnison à la famine et, de là, à la reddition. Ils pourvurent à la défense de la place avec 2000 hommes et répartirent le reste, peut-être 5000 combattants, en deux gros détachements destinés à aller chercher du ravitaillement. Ils prirent chacun la tête de l'un d'entre eux et s'exfiltrèrent de la forteresse au nez et à la barbe des Romains.

Quelques jours plus tard, après avoir parcouru le pays et amassé tous les vivres disponibles sur ses chariots, Luctérios retourna vers Uxellodunum et se prépara à y faire rentrer discrètement son détachement. Ses hommes étaient cependant nombreux et Caninius avait disposé des sentinelles un peu partout en prévision de ce mouvement : l'une d'entre elle repéra les Gaulois et fit avertir son chef. Caninius, qui s'y attendait sans doute, ne fut pas long à réagir : il regroupa immédiatement les troupes disponibles, les mis en ordre de bataille et les lança à l'attaque des hommes de Luctérios. Encombrés par le ravitaillement qu'ils convoyaient, surpris, les Gaulois n'étaient pas en mesure de supporter le choc ; ils ne purent que rompre rapidement le contact et s'éloigner aussi vite que possible en abandonnant le ravitaillement qu'ils convoyaient.

De son côté, Drappès campait avec ses quelques milliers de guerriers à une vingtaine de kilomètres de là, en attendant de tenter à son tour de rentrer à Uxellodunum. Dans la précipitation de sa fuite, les Romains à ses trousses, Luctérios ne put le faire avertir du danger qui le guettait.

Bas relief représentant un combat entre guerriers gaulois et légionnaires romains.

Durant le court engagement contre les troupes de Luctérios, les Romains avaient réussi à faire un certain nombre de prisonniers ; interrogés, ils apprirent à Caninius l'emplacement du camp de Drappès. Il ne perdit pas une minute pour bénéficier de l'effet de surprise : prenant une légion entière avec lui, il fonça vers le camp ennemi. L'assaut foudroyant des Romains fit des merveilles : prenant les Gaulois totalement au dépourvu, ils n'eurent pas de grande difficulté à prendre l'ascendant ; assaillis de tous les côtés, leurs adversaires perdirent rapidement pied et, bientôt, tous ceux qui n'avaient pas été passés au fil de l'épée se retrouvèrent prisonniers. Drappès était au nombre des captifs.

En quelques heures seulement, la défense d'Uxellodunum venait de perdre plus des deux tiers de ses combattants et ses deux principaux chefs : les 2000 hommes qui gardaient Uxellodunum étaient désormais seuls face aux Romains. Certes, avec 5000 bouches à nourrir en moins, la garnison disposait maintenant de vivres en suffisance, mais en fait sa situation n'en était pas moins compromise : avec l'arrivée récente d'importants renforts, les effectifs romains avaient plus que doublé en quelques jours.

Buste présumé de Jules César, retrouvé dans le Rhône en 2007.

Jules César fut informé de la situation devant Uxellodunum et décida de se rendre sur place pour prendre les choses en main. Arrivé devant la forteresse, il se rendit compte qu'elle était trop puissante pour être prise d'assaut, malgré les plus de 25 000 soldats qu'il avait à sa disposition ; d'autre part, les Gaulois ne manquaient pas de ravitaillement, ce qui risquait de prolonger le siège indéfiniment : pour en finir rapidement, la seule solution était de les assoiffer. Toutefois, bien que l'on fût alors au cœur de l'été, la chose n'était pas aisée à réaliser car l'*oppidum* était presque totalement entouré par le cours d'une rivière impossible à détourner. Les Gaulois étaient cependant obligés de descendre des pentes abruptes et escarpées pour y puiser de l'eau, puis de les remonter chargés de récipients pleins. Pour les empêcher d'effectuer cette besogne, le Romain plaça des archers, des frondeurs et des pièces d'artillerie en face des passages utilisés : bientôt, le déluge de projectiles fut tel que les assiégés ne furent plus en mesure d'accéder à la rivière.

Il restait aux Gaulois une dernière possibilité pour se fournir en eau : une source abondante jaillissait au pied des murailles, sur le seul côté de l'*oppidum* qui n'était pas longé par la rivière. Jules César décida d'empêcher les assiégés d'accéder à ce point d'eau de deux manières : d'une part en construisant un tour mobile du haut de laquelle ses archers et ses artilleurs pourraient tirer sur les hommes venant s'approvisionner et, d'autre part, en détournant les veines d'eau souterraines qui alimentaient la source. Protégés par des mantelets mobiles et des légionnaires, des terrassiers se mirent au travail pour construire la rampe nécessaire à l'édification de la tour, tandis que des mineurs commencèrent à creuser des conduits souterrains en direction des veines d'eau. Malgré la défense acharnée des assiégés, la tour de bois, haute de dix étages, fut achevée : depuis son sommet, une baliste et des archers pouvaient facilement tirer sur les hommes se rendant à la source. De là, l'approvisionnement des assiégés diminua fortement et le rationnement devint sévère.

Les Gaulois voulurent bien sûr détruire la tour. Comme elle était installée en bas de la pente menant à l'enceinte de leur forteresse, ils lancèrent vers elle des tonneaux remplis de mélange incendiaire, tout en attaquant furieusement pour empêcher les Romains d'éteindre l'incendie. Malheureusement pour eux, si le feu gagna de nombreux mantelets et d'autres ouvrages charpentés avoisinant, il épargna la tour. Finalement, une forte contre-attaque romaine les fit refluer à l'intérieur de leur forteresse et les foyers purent être éteints.

Toutefois, malgré la difficulté qu'il y avait à puiser de l'eau sous les flèches et les javelots romains, les Gaulois parvenaient à étancher leur soif à minima et leur défense restait ferme. Les mineurs romains continuaient cependant à creuser leurs tunnels en direction de la source et bientôt, ils atteignirent les veines d'eau qui l'alimentaient. Alors que les assiégés ne se doutaient de rien, ils n'eurent aucun mal à les détourner : les

Gaulois qui arrivèrent au ravitaillement, pliant l'échine sous le déluge de flèches que les archers romains tiraient depuis la tour, ne trouvèrent alors plus qu'une flaque de boue là où de l'eau claire jaillissait encore quelques heures auparavant. Le coup fut rude, car cette source ne tarissant habituellement jamais, les Gaulois y virent un présage leur montrant que les dieux leur étaient désormais défavorables. C'était fini, il n'y avait plus ni eau, ni espoir à Uxellodunum.

Les assiégés se concertèrent puis firent savoir à Jules César qu'ils acceptaient de se rendre. Le Romain fut magnanime : il leur accorda la vie sauve à tous. Toutefois, il ne devait pas être dit qu'il avait été faible avec des rebelles et, partout, on devait savoir ce qu'il en coûtait de s'opposer à Rome : il fit couper les mains de tous les hommes en âge de porter les armes. Quant à Drappès, il se laissa mourir de faim dans sa geôle tandis que Luctérios, qui avait réussi à se réfugier chez les Arvernes, il fut trahi et livré à César par un de leurs chefs.

Ainsi se termina le siège d'Uxellodunum et la guerre des Gaules avec lui. La paix romaine s'installa puis, les événements s'enchaînant, le souvenir précis du lieu de la bataille s'évapora avec les siècles. Au Moyen Age, beaucoup pensaient qu'il était localisé à Capdenac-le-Haut, comme en témoignent plusieurs chartes royales, tandis que d'autres le situaient au Puy-d'Issolud, à Vayrac. Toutefois, si quelques savants s'y intéressèrent aux XVIe et XVIIe siècles, il fallut attendre la fin du suivant pour que l'affaire commence à prendre un tour vraiment polémique. La chose n'est pas surprenante : après la Révolution Française, le développement du nationalisme tendit à toucher la plupart des aspects de la vie sociale et les sciences historiques tout particulièrement ; en effet, l'exaltation de la nation passait naturellement par celle de ses ancêtres héroïques et l'image des derniers défenseurs d'Uxellodunum luttant jusqu'à la dernière extrémité pour leur liberté collait totalement à l'esprit de l'époque. Le courage des grenadiers de la Garde à Waterloo et celui des légionnaires à Camerone avaient ainsi des racines qui, passant par la bataille de Poitiers et la résistance désespérée du roi Jean II, naissaient en Quercy avec la farouche résolution des Gaulois aux mains coupées… D'ailleurs, l'admiration si française pour les guerriers se battant courageusement et énergiquement jusqu'au bout sans aucun espoir de victoire fut ensuite confortée, grâce à la guerre de 1870, par de nombreux exemples de résistances désespérées mais magnifiques face au sort contraire : les cuirassiers de Reichshoffen, les coloniaux de Bazeilles, etc.… Le débat sur la localisation d'Uxellodunum n'était pas, alors, une simple question historique, mais une affaire regardant la nation française, héritière de la nation gauloise, toute entière. Dans ce cadre, il était normal que toutes les communes pouvant potentiellement être identifiées comme l'antique Uxellodunum cherchent à se prévaloir de cette ascendance prestigieuse.

Vue du Puy-d'Issolud au début du XXe siècle

Les vraies querelles au sujet de la localisation de la forteresse commencèrent avec la commission désignée par l'empereur Napoléon III pour localiser le site avec certitude. Ensuite, durant plusieurs dizaines d'années, des fouilles furent menées sur tous les Uxellodunum probables du Quercy, mais le Puy-d'Issolud fut celui où elles furent au maximum réalisées et publiées sous une forme réellement scientifique. Surtout, à partir de 1997 et durant plus de neuf ans, le site bénéficia du travail d'un archéologue, Jean-Pierre Girault, placé à la tête d'une équipe pluridisciplinaire comprenant historiens, géologues et spécialistes divers : fouillant l'ensemble du terrain environnant une fontaine qui pourrait être la source tarie par Jules César, il y découvrit les traces d'un très important combat ayant opposé Gaulois et Romains, ainsi que des galeries creusées dans le roc pour détourner l'eau des veines souterraines. Pour lui, aucun doute : il venait de trouver Uxellodunum.

Capdenac-le-Haut : la fontaine de César au début du XXe siècle.

A Capdenac, les résultats des fouilles réalisées au Puy-d'Issolud n'ont cependant pas convaincu. Pour les habitants du village et quelques scientifiques, l'hypothèse développée au Puy-d'Issolud est un nonsens technique et tactique, tandis qu'ils soulignent que la topographie de leur localité correspond totalement aux descriptions d'Uxellodunum faites par les Romains ; par ailleurs, des découvertes archéologiques récentes les renforcent un peu plus dans leur conviction.

    Le mystère reste, sinon entier, tout au moins en grande partie. A chacun de partir à la recherche du lieu de la célèbre bataille en espérant avoir un peu de chance en parcourant les anciennes forteresses : cachées quelque part, des milliers de mains coupées marquent encore l'emplacement d'Uxellodunum.

La prise de Fons et ses conséquences
(juin-septembre 1356)

La guerre de Cent Ans avait commencé depuis déjà presque vingt ans. Si les opérations militaires s'étaient d'abord concentrées en Aquitaine, en Normandie et en Flandres, elles avaient aussi lieu en Quercy depuis la fin de l'été 1346. En ce début de printemps 1356, cela faisait donc presque une dizaine d'années que les bandes anglaises parcouraient la province, prenant des châteaux, pillant les cultures et rançonnant les paysans qu'elles arrivaient à capturer.

Ces derniers temps, elles se faisaient de plus en plus présentes même si, encore discrètes, elles déambulaient dans le pays sans que l'on sache vraiment ce qu'elles manigançaient. Dans le Figeacois, on en avait repéré dans la région de Cadrieu et de Montbrun au début du mois de mars puis, trois semaines plus tard, du côté de Gréalou et, au sud du Lot, dans la forêt de Marcigaliet. Villes et villages se tenaient d'autant plus en alerte et prêts à répondre à toute attaque qu'aucune troupe royale n'était présente dans la province pour les épauler. La tension était palpable et on sonnait le tocsin au moindre signe suspect, ce qui en provoquant à chaque fois une mise en défense complète contribuait à encore alourdir le climat ambiant.

Les choses se précisèrent brusquement fin avril : les Anglais s'emparèrent coup sur coup de Goujounac puis de Labastide-Fortanière (auj. Labastide-Murat), avant de pousser vers l'est et la région de Fons, où des détachements furent signalés le 30. Quatre jours plus tard, ils lancèrent une attaque contre Cardaillac mais les habitants du bourg les repoussèrent ; ils n'insistèrent pas et se reportèrent rapidement sur Fons pour profiter de ce qui restait de l'effet de surprise, mais ils furent là aussi tenus en échec.

Vue actuelle de Cardaillac, depuis le sud

Les bandes disparurent et se fondirent alors dans le pays aussi vite qu'elles étaient apparues. Les autorités de toute la région envoyèrent alors des espions un peu partout pour essayer de les repérer, mais sans succès : les Anglais étaient introuvables. Le flou se dissipa le 9 mai, quand ils firent subitement irruption dans les alentours de Lacapelle-Balaguier, Cadrieu et Gréalou ; Figeac, Cajarc et les autres localités des environs se mirent alors en défense et se préparèrent à les recevoir.

Vue actuelle de Saint-Cirq-Lapopie, depuis l'ouest

Le viguier royal de Figeac décida le jour même de convoquer les municipalités et les châtelains pour tenter de coordonner leurs moyens et d'organiser une résistance d'ensemble. La réunion eut lieu le lendemain à Figeac et il y fut décidé de financer la levée d'une troupe supplémentaire de cent hommes d'armes à cheval destinés à contrer l'ennemi en rase-campagne. Le temps pressait : Beauregard tomba pendant que l'assemblée se déroulait.

Durant les jours qui suivirent, les Anglais se renforcèrent autour de Saint-Cirq-Lapopie sans que les Français ne puissent réellement gêner leurs mouvements. Le 19 mai, ils réussirent à s'emparer d'une ferme fortifiée du côté de Cénevières puis, plus au sud-ouest, de Lalbenque quelques jours après.

Au début du mois de juin, même si l'ennemi tenait ainsi quelques villages et châteaux dans l'est de la province, la situation n'était pas catastrophique ; en effet, il ne disposait encore d'aucune localité d'importance pouvant servir de lieu de rassemblement et possédant toutes les facilités logistiques pour des troupes en campagnes : réserves de vivres, maréchaux-ferrants, forgerons, etc. Tout bascula le mercredi 8 juin, lorsqu'une compagnie, commandée par les fameux cousins d'Albret, Arnaud-Amanieu, Guitard et Bertrucat, réussit à prendre Fons ; au XIVe siècle, le village endormi que nous connaissons aujourd'hui était considérée comme un bourg important. La perte de cette localité, sur la route menant de Figeac au nord de la province, était particulièrement grave et la nouvelle fit le tour du pays en moins d'une journée.

L'église Saint-André était le point central de la défense de Fons au XIVe siècle.

Les Figeacois ne pouvaient accepter d'avoir ainsi une garnison ennemie d'une telle importance à moins de dix kilomètres de leurs portes. Immédiatement, leurs dirigeants, les consuls, décidèrent de monter une expédition pour reprendre le bourg de vive force. Ils envoyèrent alors un message à leurs homologues de Cajarc pour leur demander un renfort de gens d'armes et d'arbalétriers. Les Cajarcois firent diligence : les hommes disponibles furent rameutés en quelques heures et prirent la route dans la soirée. La troupe, placée sous la responsabilité du dénommé Marti de Lamartinia, marcha d'abord jusqu'à

Gréalou, où elle fit étape pour la nuit ; elle reprit son chemin le lendemain matin et arriva peu de temps après à Figeac. Là, les hommes déjeunèrent puis se joignirent aux Figeacois pour former la petite armée chargée de reprendre Fons. Les préparatifs de l'expédition durèrent toute la journée : on acheta des vivres – principalement du pain et du vin – et on rassembla les bêtes de somme destinées à porter les *impedimenta*.

Le lendemain, les hommes se mirent en marche et progressèrent jusqu'à Reyrevignes, où ils passèrent la journée à se préparer pour l'assaut, prévu le jour suivant. Au matin, ils se mirent en ordre de bataille et avancèrent jusqu'à Fons où les redoutables soudards anglais les attendaient de pied ferme ; c'étaient des soldats expérimentés, dont certains avaient plusieurs années de guerre derrière eux, bien organisés et commandés par des chefs éprouvés. Les Quercinois n'étaient que des marchands, artisans, paysans ou valets armés à la hâte et envoyés au combat sans véritable méthode : la préparation de l'affaire n'avait duré qu'une journée alors que plusieurs auraient été nécessaires pour se renseigner correctement sur l'objectif et établir un véritable plan d'attaque. Fonçant têtes baissées vers les murailles de Fons, les assaillants y furent défaits sans difficulté par des défenseurs agissant suivant leurs vieilles habitudes et ayant eu tout le temps, en trois jours, d'améliorer leur position.

La petite armée Figeaco-Cajarcoise fut ainsi rapidement dispersée et une partie de ses hommes furent capturés. La nouvelle du désastre se propagea rapidement et, dès qu'ils l'apprirent, les dirigeants cajarcois envoyèrent trois hommes vers Fons porter assistance aux individus débandés qu'ils pourraient trouver. Ils devaient aussi essayer de négocier avec les Anglais pour récupérer les prisonniers à moindres frais ; en fait, pris à leur tour, ils ne firent que grossir le groupe des captifs…

Le 16 juin, enhardis par leur succès, les cousins d'Albret lancèrent un raid contre Cajarc dans le but de faire de nouveaux prisonniers et d'ainsi augmenter les revenus qu'ils comptaient tirer des rançons. Leur victoire de Fons résonna aussi comme un signal pour les autres capitaines présents dans les environs : le 17 juin, Calvignac fut menacé par la bande installée à Lalbenque, tandis que six jours plus tard ce fut au tour de Larroque-Toirac et de Montbrun. A la fin du mois, la garnison de Fons reçut un renfort de 200 hommes, ce qui lui permit d'accentuer encore son emprise sur le pays.

Le mois d'août vit la situation s'aggraver encore, les bandes anglaises parcourant la région en tous sens en menaçant notamment Cajarc, Cadrieu, Gréalou et Saint-Cirq-Lapopie. La paralysie économique, qui allait en s'accentuant depuis des mois, parvint alors à son niveau maximum. Les matières premières n'arrivaient plus et, de toute façon, les habitants passant leurs jours comme leurs nuits à monter la garde n'étaient plus en mesure de travailler normalement. A Cajarc, le cheptel était progressivement passé de 45 à 30 bovins, de 21 à 12 chevaux et de 1324 à 610 chèvres et moutons ; il allait s'amenuiser encore étant donné que, ne pouvant plus être mené aux pâtures, il restait enfermé à l'abri des murailles en épuisant les dernières réserves de fourrage.

Fin août, la situation étant dans une impasse totale, les dirigeants cajarcois se décidèrent à prendre contact avec le capitaine anglais de Gréalou, nommé Pierre de Montaut : ils voulaient négocier une trêve avec lui afin de permettre à leurs habitants de rentrer les vendanges. La nouvelle de la défaite française de Poitiers, durant laquelle le roi Jean II fut capturé, le 19 septembre, précipita certainement la conclusion de ce traité, qui fut effectif le 29 suivant.

Les événements qui suivirent la bataille de Fons montrent bien la situation dans laquelle se trouvaient les communautés quercinoises à l'été 1356 : subissant l'action de plus en plus intense des compagnies anglaises, qui ravageaient les campagnes et bloquaient les axes, ne pouvant compter sur l'aide royale, elles s'aperçurent très rapidement qu'elles n'avaient pas les moyens militaires de desserrer leur étau et d'empêcher l'asphyxie économique complète de leurs localités. Négocier avec l'ennemi l'arrêt momentané des hostilités apparut alors comme la seule possibilité permettant la reprise des activités… Ainsi naquit un système de défense qui allait se généraliser et perdurer durant plusieurs décennies en permettant aux capitaines anglais de s'implanter solidement dans toute la province.

La bataille de Montauban – la Ville-Dieu-du-Temple (août 1366)

Après plus de vingt ans de guerre, les royaumes de France et d'Angleterre avaient signé le fragile traité de paix de Brétigny, en 1360. Pour les Français alors vaincus, il s'était payé au prix fort : non seulement leur roi n'avait pas atteint son principal but de guerre, à savoir établir solidement sa souveraineté sur le duché d'Aquitaine, propriété du roi d'Angleterre Edouard III, mais de plus il avait perdu au profit de ce dernier un tiers de son royaume ; parmi les princes perdues, on trouvait le Quercy, avec les importantes villes de Cahors et Montauban, mais aussi l'Agenais, le Rouergue, le Poitou, le Périgord, le Limousin, l'Angoumois et la Saintonge. Son adversaire avait ensuite réuni cet ensemble en une nouvelle entité souveraine, la principauté d'Aquitaine, et l'avait confiée à son fils et héritier, Edouard de Woodstock.

Le théâtre de la confrontation franco-anglaise s'était ensuite déplacé vers la péninsule ibérique où sévissait la première guerre civile de Castille. Celle-ci opposait le roi Pierre Ier, dit Pierre le Cruel, à son demi-frère bâtard Henri de Trastamare, qui voulait le détrôner pour prendre sa place. Ce dernier était proche du pouvoir français, aussi le roi Charles V décida-t-il de l'aider dans son entreprise : il savait que la guerre avec l'Angleterre reprendrait tôt ou tard aussi, en installant un monarque qui lui serait favorable au sud des Pyrénées, il isolerait la principauté anglaise d'Aquitaine et la prendrait en quelque sorte en tenaille. Il chargea ainsi Bertrand du Guesclin de rassembler en une armée toutes les compagnies de mercenaires qui, suite à la conclusion du traité de Brétigny, s'étaient retrouvées sans emploi et ravageaient le royaume de France pour survivre. Cette armée se mit en route fin 1365 et commença à avancer victorieusement en Castille ; le 26 mars 1366, la campagne était terminée : ses armées défaites, Pierre le Cruel était en fuite tandis qu'Henri de Tratamare se faisait couronner roi dans la cathédrale de Burgos.

Edouard de Woodstock, détail de son gisant dans la cathédrale de Canterbury

Fils aîné du roi d'Angleterre Edouard III et prince d'Aquitaine, Édouard de Woodstock décida d'intervenir militairement pour rétablir Pierre le Cruel sur le trône de Castille. Lui et ses officiers connaissaient la plus grande partie des capitaines mercenaires qui composaient l'armée de Bertrand du Guesclin et d'Henri de Trastamare : il les fit contacter en leur proposant de repasser les Pyrénées pour venir se joindre aux troupes qu'il rassemblait en vue de la campagne à venir. Henri de Trastamare, qui ignorait ce qui se tramait et pensait les combats définitivement terminés, ne fit aucune difficulté pour les payer et les libérer lorsqu'ils vinrent chercher leur congé.

Les capitaines quittèrent leurs garnisons, firent repasser les Pyrénées à leurs compagnies et se retrouvèrent dans le comté de Foix. A partir de là, ils se répartirent en trois grandes colonnes pour progresser vers la principauté d'Aquitaine. Bertrucat d'Albret prit le commandement de celle qui devait suivre la route la plus à l'est ; l'itinéraire prévu impliquait, une fois sorti du comté de Foix, de marcher un temps sur les terres du royaume de France, d'y dépasser Toulouse puis de suivre la vallée de la Garonne pour rentrer dans la principauté à Montauban ; il n'y aurait plus ensuite qu'à rejoindre le lieu de rassemblement de l'armée du prince Edouard. Avant de faire partir le gros de son détachement, Bertrucat d'Albret envoya une avant-garde comptant plus de 200 hommes d'armes sous les ordres de Robert Cheney, un Anglais originaire du Kent.

Le pouvoir français n'entendait pas laisser le prince d'Aquitaine attaquer Henri de Trastamare sans réagir. Le roi Charles V décida d'intervenir en amont de la constitution de son armée en empêchant les compagnies qui remontaient par le Toulousain de la rejoindre. Pour ce faire, il chargea le sénéchal de Toulouse, Gui d'Azay, de les intercepter et de leur bloquer la route de l'ouest.

L'armée française était forte de 500 hommes d'armes et de 4000 piétons lorsqu'elle quitta Toulouse en suivant la vallée de la Garonne. Elle pénétra rapidement dans la principauté d'Aquitaine et son chef alla la disposer à l'ouest de Montauban afin de barrer la route du Bordelais. Il invita ensuite le gouverneur anglais de la ville, John Trivet, à venir dialoguer avec lui. Lorsque l'Anglais fut mis en leur présence, les chefs français commencèrent par justifier leur intervention sur le territoire aquitain par le fait qu'ils ne faisaient que pourchasser les compagnies qui, en dehors de toute guerre déclarée, avaient traversé le Toulousain en pillant tout sur leur passage ; ils lui demandèrent ensuite, en signe d'amitié avec le royaume de France, d'expulser de Montauban celles qui venaient d'y arriver, menées par Robert Cheney. John Trivet n'argumenta pas et se contenta de leur signifier que, d'une part, les mercenaires stationnés dans Montauban y étaient par ordre de son prince et que, d'autre part, il ne lui appartenait pas de faire justice pour des faits ayant eu lieu sur le territoire du royaume de France. Tout ceci n'était naturellement qu'arguties diplomatiques : Anglais comme Français, personne n'avait les mains propres, les premiers étant responsables du passage dévastateur des compagnies en Toulousain, les seconds ayant pénétré en armes dans la principauté.

Les compagnies de mercenaires, eu égard aux dégâts qu'elles causaient partout où elles mettaient les pieds, n'étaient naturellement pas toutes logées dans Montauban *intra muros* et beaucoup d'entre elles avaient été réparties dans ses faubourgs ou dans ceux des localités environnantes. L'une d'entre elles se trouvait notamment dans ceux de Montech et, le 13 août, elle fut attaquée par Olivier de Mauny, un cousin de Bertrand du Guesclin servant dans l'armée de Gui d'Azay à la tête d'une compagnie de Bretons ; profitant d'une situation favorable, il réussit à la surprendre et à la mettre en déroute, lui tuant une centaine d'hommes, en capturant 80 ainsi que 500 chevaux ; les survivants qui n'étaient pas prisonniers ne purent que s'enfuir à toutes jambes pour rejoindre Montauban, une douzaine de kilomètres au nord-est.

Après avoir traversé le Toulousain et non sans y avoir fait de nombreux dégâts, Bertrucat d'Albret et ses troupes arrivèrent en vue de Montauban le jour même, semble-t-il, où se déroula le combat de Montech. Cela faisait cinq jours que l'armée française empêchait toute sortie de la ville vers l'Ouest, aussi l'arrivée de la colonne de Bertrucat redonna-t-elle espoir à John Trivet et aux troupes déjà arrivées. Il fut reçu avec tous les égards et, rapidement, prit les choses en main en organisant un conseil de guerre ; il y fut décidé que, le lendemain, l'ensemble des compagnies se mettrait en ordre de marche pour rejoindre le cours de la Garonne et si, comme c'était prévisible, les Français leur barraient la route, une négociation serait tentée pour obtenir le passage. C'est ainsi que le jour suivant, tôt le matin, les hommes quittèrent leurs cantonnements pour prendre la route de l'ouest ; anticipant leur mouvement, les Français allèrent alors se positionner à la Ville-Dieu-du-Temple, à une dizaine de kilomètres de Montauban, pour les empêcher de continuer.

Lorsque les deux armées furent face à face, Bertrucat et son second Robert Cheney s'avancèrent comme prévu pour parlementer avec les chefs français ; ces derniers répondirent à leur demande qu'ils n'avaient que faire de leurs négociations et que, s'ils voulaient passer, ils devraient le faire au milieu de leurs épées ; ils étaient particulièrement confiants car ils bénéficiaient d'une supériorité numérique d'environ trois contre un. Le combat étant inévitable, Bertrucat retourna vers ses hommes, leur fit mettre pied à terre et prendre les dispositions de combat.

Carte du champ de bataille aujourd'hui (carte IGN)

Aux environs de neuf heures, Guy d'Azay fit lui aussi descendre ses cavaliers de cheval et leur ordonna de se préparer pour une charge à pied aux côtés de ses fantassins. Lorsque tout fut prêt, il les

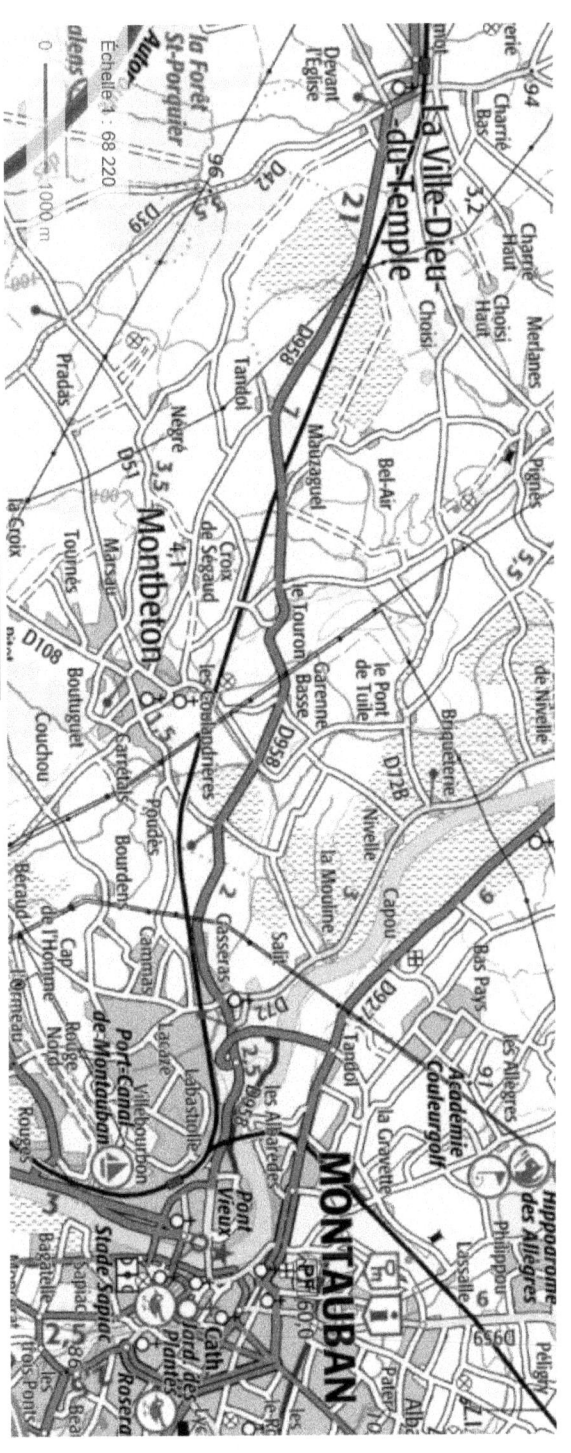

lança à l'assaut vers les lignes ennemies. Le choc initial fut très rude et l'on se battit ensuite vaillamment de part et d'autre.

Au bout d'un moment, submergés par le nombre, les hommes de Bertrucat d'Albret commencèrent à fléchir avant de progressivement lâcher de larges portions de terrain. Le relief, désespérément plat, ne présentait aucune aspérité où il aurait été possible de s'accrocher de manière coordonnée, aussi la retraite se poursuivit-elle sur une dizaine de kilomètres jusqu'aux portes des faubourgs occidentaux de Montauban, sur la rive gauche du Tarn. John Trivet, voyant les compagnies refluer vers la ville, fit sonner le tocsin et rameuta toute la population montalbanaise en mesure de porter les armes : ils étaient gens du prince Édouard, il était de leur devoir d'aider ses troupes. Les Quercinois sortirent alors prêter main forte aux soudards tandis que leurs femmes prirent leur place sur les fortifications, jetant pierres et projectiles divers sur les assaillants.

La longue poursuite menée par les Français depuis la Ville-Dieu-du-Temple avait probablement désorganisé leur dispositif et ce d'autant plus que, le succès semblant certain, tous les chefs de détachement couraient sus à l'ennemi sans trop se préoccuper de ce que faisaient leurs voisins ; inattendue, la sortie des milices montalbanaises mit un violent coup d'arrêt à leur avance. Voyant alors le flottement qui s'installait au profit des compagnies, 400 Gascons de l'armée de Gui d'Azay, qui étaient restés à l'arrière-garde, décidèrent alors de changer de camp et d'engager le combat au profit de leurs compatriotes, qui composaient l'essentiel des troupes de Bertrucat d'Albret. Avaient-ils été auparavant contactés par celui-ci ou ce revirement était-il de leur seul fait ? On ne sait, mais toujours est-il qu'ils se jetèrent sur les arrières des troupes françaises qui, se retrouvant alors prises en étau, ne furent pas longues à perdre pied malgré les prouesses dont elles firent preuve.

Le pont Vieux de Montauban. Cet ouvrage existait en 1366. Il reliait la vieille ville à ses faubourgs occidentaux, où se déroulèrent les derniers combats de la bataille.

Il était aux alentours de quinze heures lorsque les combats cessèrent. La déconfiture des Français était complète : Gui d'Azay, les sénéchaux de Carcassonne et de Beaucaire, les vicomtes de Narbone et de Caraman, plus de cent chevaliers ainsi qu'une multitude de membres des milices communales de Toulouse, Montpellier, Narbonne et Carcassonne avaient été capturés. Ils auraient pu être encore plus nombreux, mais les vainqueurs n'étaient pas assez pour poursuivre en sécurité tous ceux qui s'échappaient du champ de bataille à toutes jambes ou au galop de leurs chevaux.

Sans attendre, les routiers entamèrent alors avec leurs captifs les pourparlers relatifs aux rançons ; tous finirent par s'accorder et les prisonniers furent rapidement libérés sur parole, ayant promis de venir payer les sommes convenues à Bordeaux ou là où bon leur semblerait. Ces affaires réglées, Bertrucat d'Albret remit ses troupes en marche et put cette fois avancer vers l'ouest sans encombre. Ils arrivèrent dans le Bordelais peu de temps après et le prince Édouard les prit à ses gages à partir de la fin du mois d'août.

L'expédition prévue pour attaquer Henri de Trastamare et Bertrand du Guesclin ne commença qu'en février suivant. Ce fut un succès total, conclu victorieusement par la bataille de Najéra, le 3 avril 1367. Quant aux Montalbanais, ils venaient de faire une éclatante démonstration de fidélité au prince Edouard.

L'échec de la chevauchée Chandos-Knoles (mars-juin 1369)

Le début de l'année 1369 sonna la reprise des hostilités entre les royaumes de France et d'Angleterre après la pause constituée par le traité de paix de Brétigny qui, conclu en 1360, avait entériné la défaite française de la première phase de la guerre de Cent Ans.

La principauté d'Aquitaine, à laquelle appartenait le Quercy annexé, était toujours gouvernée par Edouard de Woodstock, dit le Prince Noir. Il avait rencontré des difficultés financières et politiques croissantes depuis sa prise de fonction ; en face, le nouveau roi de France sacré en 1364, Charles V, avait en revanche œuvré sans relâche pour préparer son armée à la reconquête des territoires perdus. En juin 1368, il était prêt.

Charles V s'occupa en premier lieu de préparer le terrain aux opérations militaires qui allaient suivre. Lui et ses grands officiers étaient bien renseignés : ils savaient que, dans les provinces annexées, de nombreux nobles étaient insatisfaits de la politique fiscale du Prince Noir, tandis que les pouvoirs municipaux avaient de nombreux griefs contre lui ; toutes ces autorités représentaient ainsi un terreau perméable à la propagande française. Dès lors, les agents de Charles V se mirent intensément à l'œuvre et, en janvier 1369, le Valois jugea la population suffisamment travaillée pour relancer les hostilités ouvertes.

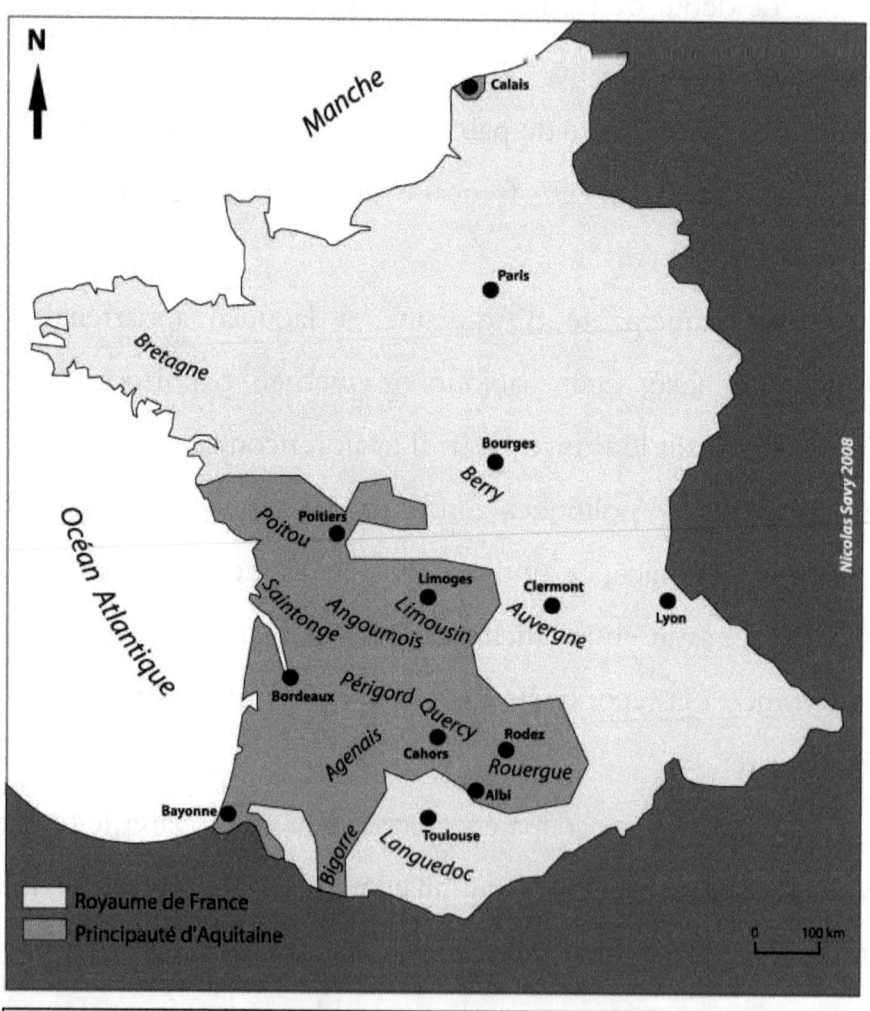

La principauté d'Aquitaine de 1362 à 1369

Les troupes françaises attaquèrent en Rouergue et en Quercy où elles obtinrent des succès qui, bien que remportés sur des objectifs limités, eurent un impact considérable sur les décideurs locaux psychologiquement préparés par les agents français : Cahors, Rodez et plus de 900 autres communautés des provinces annexées par les Anglais en 1360 firent leur soumission au roi de France durant les semaines qui suivirent. Charles V était en train de gagner son pari. Le Prince Noir devait réagir. Vite.

Les officiers français savaient cependant qu'ils n'avaient qu'une marge de manœuvre limitée vis-à-vis des populations qui venaient de se ranger de leur côté, surtout en Quercy et en Rouergue. En effet, durant la première partie du conflit, ces provinces avaient particulièrement souffert des compagnies autonomes anglaises qui s'étaient installées sur leurs territoires et avaient ruiné leur économie durant plus de dix ans. Ces ravages, couplés aux épidémies de peste, aux disettes et aux défaites françaises avaient largement contribué à discréditer le pouvoir français et à faire accepter l'annexion anglaise en 1360.

Or, le Prince Noir n'avait pu relancer l'économie et l'insécurité avait subsisté. C'est sur ces espoirs déçus des communautés quercinoises et rouergates que les officiers français avaient basé leur propagande en 1368 et ils en étaient désormais prisonniers : s'ils ne leur montraient pas qu'ils étaient capables de relancer les activités économiques et de les protéger contre les armées anglaises, la confiance s'écroulerait d'autant plus vite qu'elle restait fragile ; en effet, le mouvement de ralliement au roi de France était loin d'être général car non seulement certaines municipalités restaient fidèles au pouvoir anglais, mais de plus de nombreuses autres se tenaient dans une prudente expectative.

Le duc Louis d'Anjou, frère du roi Charles V, commandait avec efficacité le dispositif militaire français de la région. Il avait conscience qu'il devait non seulement vaincre les Anglais pour mettre fin à l'image d'invincibilité qu'ils avaient gagnée entre 1337 et 1360, mais surtout qu'il devait le faire en les empêchant de venir ruiner les campagnes des provinces nouvellement retournées. Pour ce faire, il disposait de plus de 10 000 hommes qui, sans compter le grand nombre de places fortes qui lui étaient acquises, lui donnaient un rapport de force favorable.

Durant la première partie du conflit, les Français n'avaient jamais réellement mis en difficulté la défense du duché d'Aquitaine, tandis que sa population avait généralement été d'une fidélité à toute épreuve vis-à-vis du roi d'Angleterre, à qui elle était soumise depuis deux siècles. La rébellion de plusieurs centaines de communautés des provinces annexées en 1360 plaçait ainsi le pouvoir anglais face à une situation inédite : pour la première fois depuis 1337, il perdait du terrain et des appuis locaux en masse. Tout n'était cependant pas perdu : des municipalités, dont certaines importantes comme Millau ou Montauban, lui gardaient leur fidélité, tandis que toutes celles restant dans l'expectative reviendraient vers lui s'il démontrait l'incapacité du pouvoir français à tenir ses promesses en matière de sécurité.

Pour défendre l'intégrité de sa principauté, le Prince Noir devait donc avant tout faire basculer les opinions en démontrant que les Français étaient incapables de protéger militairement leurs nouveaux fidèles ; il devait cependant le faire en portant aussi secours aux localités qui, comme Millau par exemple, étaient aux prises avec les armées françaises. Pour ces objectifs ambitieux, il ne pouvait toutefois compter que sur des forces militaires très limitées, ses finances étant au plus bas suite à l'expédition de Castille de 1367, ainsi qu'aux difficultés fiscales et économiques récurrentes qu'il avait rencontrées. Il savait cependant pouvoir compter sur le concours de deux grands officiers éprouvés, John Chandos et Robert Knoles.

Les grandes opérations menées entre 1345 et 1360 avaient démontré la parfaite maîtrise anglaise du combat du faible au fort : sachant que le rapport de force lui était défavorable, le roi d'Angleterre n'avait qu'exceptionnellement envoyé ses armées contre celles de son adversaire ; bien au contraire, il avait « tapé dans le mou » en les lançant dans des raids, appelés chevauchées, dont le but était de dévaster les campagnes françaises sur une large échelle pour ruiner les activités économiques et la confiance des populations. Ces opérations à visée stratégique, avec en particulier celles de 1346, 1355 et 1356, avaient été couronnées de succès. Leur réussite était basée sur deux choses : la première était que leurs itinéraires étaient imprévisibles, les chefs se contentant d'établir une direction générale de marche qu'ils modifiaient suivant les opportunités du moment, rendant en cela la tâche des armées françaises de poursuite et des défenses locales particulièrement difficile ; la seconde était une rapidité d'exécution hors norme rendue possible par l'absence de train logistique, l'armée se ravitaillant sur le pays qu'elle pillait.

Le Prince Noir scinda ses troupes en deux petites armées : la première, forte de 500 cavaliers lourds et 1000 piétons, auxquels se joignirent le fameux capitaine Bertrucat d'Albret et ses 300 guerriers, était commandée par Robert Knoles ; elle alla se positionner à Agen, d'où elle devait commencer sa chevauchée en remontant la vallée du Lot. Au-delà des ravages qu'elle devait effectuer sur l'ensemble de son chemin, son premier objectif était sans doute Cahors, première ville à avoir reconnu l'autorité du roi de France en février précédent. La seconde comptait 1000 cavaliers lourds et autant d'archers ; dirigée par John Chandos, elle s'était regroupée à Montauban afin d'entamer sa chevauchée en suivant la vallée du Tarn pour être en mesure, en fin de bond, de porter secours à Millau. L'idée du Prince Noir était probablement de tracer deux sillons de dévastations le long des vallées du Lot et du Tarn puis de regrouper les deux armées en Rouergue en vue des opérations suivantes. Dans tous les cas, il n'entrait pas dans ses plans de se heurter frontalement aux armées françaises, qui le surclassaient numériquement.

Côté français, le duc d'Anjou savait qu'il était extrêmement difficile de contrer une chevauchée anglaise. Même si le rapport de force lui était favorable, il avait conscience qu'il n'aurait jamais assez d'hommes pour empêcher ses adversaires d'avancer dans le pays en suivant des itinéraires impossibles à prévoir. D'autre part, et il l'avait vu de ses yeux à Poitiers en 1356, même si une armée de poursuite largement supérieure en nombre parvenait à les rattraper, ces damnés Anglais possédaient une telle maîtrise tactique que la victoire dans une bataille en rase campagne n'était jamais assurée.

Le seul moyen d'empêcher une armée de chevauchée de mener ses ravages était de réduire son potentiel offensif en la fixant suffisamment longtemps sur un point pour mettre en défaut sa logistique, basée sur le pillage et la mobilité. Avant 1360, les raids anglais s'étaient déroulés dans un cadre strictement offensif et sur des territoires n'ayant aucune singularité notable, aussi chercher à les attirer devant un point d'importance pour les y fixer n'était pas réellement envisageable. La situation avait cependant changé et le duc d'Anjou en avait pleinement conscience : désormais, non seulement l'Anglais était en défensive et les provinces où les opérations allaient se dérouler étaient les siennes, mais de plus, grâce au positionnement de ses troupes, il était possible de deviner la manœuvre qu'il allait tenter.

Louis d'Anjou avait compris que Robert Knoles allait remonter la vallée du Lot. Il ne fallait absolument pas qu'il pénètre en Quercy, aussi décida-t-il de le fixer à Duravel, à la limite de la province. Pour ce faire, il fallait l'amener à assiéger la place en lui faisant croire qu'elle était à sa portée ; il savait que, durant les chevauchées d'avant 1360, les Anglais n'avaient pas hésité à attaquer des localités qui, visiblement mal défendues, représentaient des proies faciles dont les prises ne ralentissaient pas réellement les mouvements.

Pour que Duravel puisse supporter le choc anglais, Louis d'Anjou y massa des troupes avec des approvisionnements en grande quantité, tout en lançant une formidable campagne d'intoxication à destination de Knoles : « les fortifications duravelloises étaient en mauvais état », « les troupes qui s'y étaient installées avaient fui Cahors de peur d'y être prises au piège par les Anglais », etc. Dans le même temps, il fit détruire ou mettre à l'abri toutes les récoltes et vivres dans un large rayon autour de la localité.

Les manœuvres d'intoxication françaises furent un succès : Robert Knoles quitta Agen et fonça sur Duravel au début du mois de mars. Dès son arrivée, il s'aperçut sans doute que la partie serait plus dure que prévue car il fit de suite édifier de solides ouvrages de siège ; ce faisant, il donna au bourg une importance qu'il n'aurait jamais eue s'il l'avait évité : sa chevauchée devant avant tout être une démonstration de force, il ne pouvait être mis en échec dès le début des opérations devant une modeste place sans envergure. Très rapidement cependant un important problème se fit jour : les fourrageurs qu'il envoya, suivant la méthode habituelle, piller le ravitaillement dans les alentours, rentrèrent sans avoir pu mettre la main sur les vivres nécessaires. Le piège mis en place par le duc d'Anjou se refermait.

La question logistique, pourtant cruciale, est souvent laissée de côté par les historiens militaires du Moyen Age. Il est pourtant possible d'estimer les besoins généraux d'une armée. En considérant que chaque homme de l'armée de Knoles avait besoin d'environ 2500 calories quotidiennes pour une alimentation tout juste correcte, cela signifiait qu'il fallait lui trouver, en prenant pour hypothèse une nourriture théorique essentiellement panée avec un peu de viande, 200 grammes de bœuf et 700 grammes de pain ; pour 1800 combattants, cela revenait à 1260 kilos de pain et 360 de viande. Et si l'on ramène ces quantités au minimum vital en dessous duquel le corps s'affaiblit irrémédiablement, soit 1500 calories, cela faisait toujours 216 kilos de bœufs et 756 de pain : dans un pays vide de toute subsistance accessible, c'était énorme.

L'approvisionnement en eau ne représentait quant à lui aucun problème, les cours d'eau étant suffisants. D'autre part, du vin fut trouvé en quantité, ce qui fut sans doute apprécié des combattants. Pour les 500 chevaux, il est probable que l'on abandonna ou réduisit considérablement l'apport d'avoine et qu'ils furent quasi-exclusivement nourris à l'herbe.

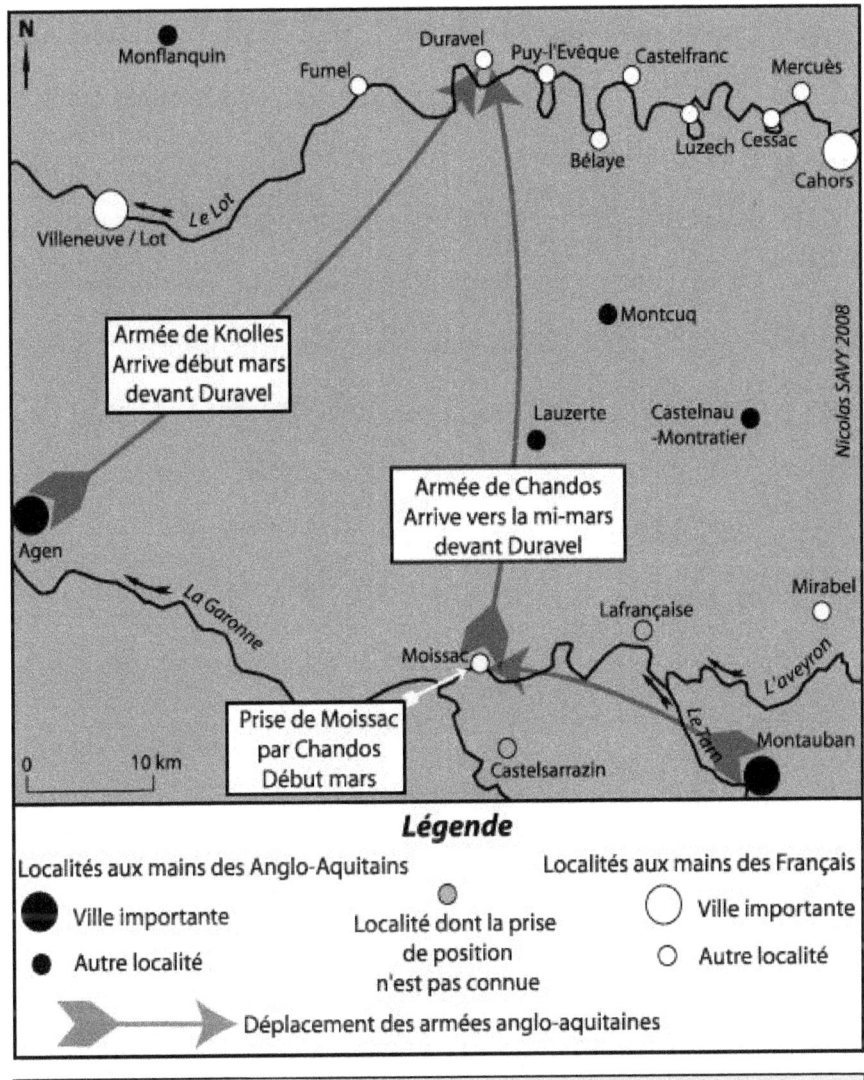

Le début de la chevauchée Chandos – Knoles

Robert Knoles n'avait pas d'autre choix que celui d'emporter la place, aussi fit-il multiplier les assauts durant plus de dix jours. Tous furent vigoureusement repoussés. Qu'il ait alors saisi qu'il pouvait pousser plus loin son avantage, ou que son plan ait été préparé à l'avance, le duc d'Anjou poursuivit sa manœuvre d'intoxication : l'armée de Knoles était en train de s'épuiser inutilement devant Duravel, pourquoi ne pas essayer d'y attirer aussi celle de Chandos ? C'est ainsi qu'arrivèrent aux oreilles de ce dernier des nouvelles faisant état du déplacement d'une forte armée française en direction de Duravel pour y porter assistance à la garnison assiégée. Aussitôt, pensant que Knoles risquait d'être mis en difficulté par les secours français, il fit mettre ses troupes en route et quitta Montauban pour aller le renforcer.

On pourrait s'étonner de voir avec quelle facilité John Chandos et Robert Knoles crurent aux fables inventées par le duc d'Anjou. Ce serait méconnaître l'efficacité de l'intense réseau de renseignement et de correspondance qui liait toutes les autorités, municipales ou seigneuriales, de la région. Alors que, dans un contexte militaire totalement inédit, le brouillard de la guerre leur masquait les intentions précises des Français, les officiers anglais recevaient depuis toutes les directions les mêmes informations, répétées et répétées encore ; de plus, contraints d'agir très rapidement, ils ne disposaient pas des délais nécessaires à leur vérification : leur vision de la situation était totalement faussée. Enfin, il est aussi possible qu'un certain sentiment de supériorité ait joué, les deux capitaines n'ayant jusqu'alors pratiquement connu que des succès face aux Français.

Deux semaines après le début du siège, Chandos mit son armée en place devant Duravel. Si l'on en croit les courriers qu'il envoya alors aux habitants de Millau, il était confiant pour la suite des opérations ; d'ailleurs, en chemin vers Duravel, il s'empara facilement de la ville de Moissac, très mal défendue, ce qui dut le conforter dans son optimisme. Il dut cependant déchanter rapidement une fois en position : loin d'obtenir rapidement le succès tant attendu, lui et Knoles ne purent que constater l'importante aggravation de la situation logistique suite au doublement du nombre de combattants à nourrir. Le maigre ravitaillement qui devait leur parvenir provenait sans doute de Montauban ou d'Agen, acheminé par des charrettes qui, devant effectuer leur trajet en pays ennemi et par de mauvais chemins, mettaient sans plus des deux jours habituellement nécessaires pour effectuer la distance. Le nombre des chevaux, lui, tripla avec l'arrivée de l'armée Chandos ; il n'est pas certain que les prairies environnantes aient suffi à les rassasier. De plus, comble de malchance pour les Anglais, la pluie ne cessait pas de tomber : la boue ne quittait pas les hommes, que ce soit à l'assaut ou au repos, le linge moisissait, armes et armures rouillaient. En face d'eux, les

Français bien abrités et bien nourris repoussaient leurs attaques générales sans trop de difficulté.

Domme : la porte des Tours (côté intérieur)

Chandos et Knoles s'acharnèrent cinq semaines. Leurs hommes étant totalement à bout, ils n'eurent alors d'autre choix que de lever le siège. La prudence aurait voulu qu'ils regagnent leurs bases de départ, mais ce n'était pas envisageable politiquement, aussi décidèrent-ils de pousser plus avant. Le duc d'Anjou se doutait probablement qu'ils allaient le faire et il en profita, semble-t-il, pour saisir une nouvelle occasion de les intoxiquer ; comment expliquer autrement qu'abandonnant Duravel, les Anglais décidèrent d'aller poser le siège, 30 kilomètres au nord, devant la très puissante ville fortifiée de Domme, aux limites du Périgord ?

On ne sait par quelle fable Louis d'Anjou leur fit croire la prise de Domme possible. Trahison du chef de la défense, le sulfureux Gilbert de Domme ? Trahison d'un habitant prêt à ouvrir une issue ? On ne sait, mais toujours est-il qu'ils tentèrent deux semaines durant de prendre la ville d'assaut. Rien n'y fit et il leur fallut se rendre à l'évidence : ou ils trouvaient rapidement des vivres en quantité, où leur armée, désormais au bord de la famine, allait se dissoudre en perdant progressivement le peu de potentiel offensif qui lui restait encore.

Quittant Domme, l'armée anglaise revint vers le Quercy. Les objectifs initiaux étaient loin et, ce qui comptait désormais, c'était de rapidement mettre la main sur du ravitaillement. Obliquant vers les causses, les Anglais se présentèrent devant Gramat où ils firent quelques démonstrations de force : contre toute attente, la petite ville se rendit et leur ouvrit ses portes ; les édiles du lieu, ralliés récemment au roi de France, se laissèrent sans doute gagner par la panique. Toujours est-il que les Anglais s'assurèrent enfin, après un mois et demi de difficiles opérations, d'un gîte correct et d'une nourriture sans doute suffisante, mais pour peu de temps : après quatre jours de repos, il fallut se remettre en marche. Les troupes royales françaises n'intervenaient toujours pas, se contentant de suivre les Anglais à distance depuis la vallée du Lot.

Chandos et Knoles divisèrent leur armée en deux. Tandis qu'eux se dirigeaient vers le sud-est et le Figeacois, où ils ne réussirent à s'emparer que de deux gros villages (Cardaillac et Fons), Bertrucat d'Albret et le captal de Buch foncèrent vers l'ouest ; ils y eurent un peu plus de succès en prenant le contrôle de trois bourgs (Rocamadour, Montfaucon, Salviac) et de deux châteaux peu importants (Vaillac et Clermont, à Concorès). Tout ceci restait maigre sur le plan militaire, mais surtout cela ne résolvait pas le problème du ravitaillement : le bourg de Rocamadour, pris le 4 mai, n'avait pu fournir plus de 50 mulets chargés de vivres, soit de quoi chichement nourrir l'armée pendant deux ou trois jours.

Bertrucat d'Albret et le captal de Buch ayant eu un peu plus de succès qu'eux, Chandos et Knoles les rejoignirent et reformèrent ainsi l'armée à Salviac. De là, ils décidèrent de tenter la prise de la ville de Gourdon. Toutefois, étant donné l'état de leur forces, ils ne pouvaient envisager ni attaque frontale, ni siège, tout en ayant l'obligation d'obtenir un résultat très rapide pour ne pas se retrouver à cours de ravitaillement. Ils lancèrent donc leurs troupes tout autour de la ville avec mission de dévaster tout ce qu'elles pouvaient pour inciter les Gourdonnais à se rendre afin de limiter les dégâts, comme l'avaient fait les Gramatois deux semaines auparavant.

Le château de Clermont, à Concorès

En fait, ce plan était voué à l'échec dès le départ : non seulement les récoltes et le matériel avaient été mis à l'abri, mais de plus les Gourdonnais savaient que les Anglais n'avaient plus rien à manger… Il n'y avait qu'à attendre un peu que la faim les oblige à aller chercher leur pitance ailleurs.

Effectivement, après trois jours à jouer les boutefeux et à faire des moulinets avec leurs épées, ils quittèrent les lieux le 17 mai. La situation de leur armée était alors critique, mais il restait à Chandos et à Knoles un dernier coup à tenter sur Figeac en utilisant les places prises quelques jours auparavant. Hormis le fait que Figeac était une ville plus importante que Gourdon, la situation y était la même et il y avait peu de chances que l'heureuse surprise de Gramat se reproduise : toute la région savait désormais que l'armée anglaise était à bout. Refusant l'évidence, Chandos et Knoles lancèrent leur dernière entreprise : envoyant une partie de leur troupes fixer la garnison de Cahors, ils menèrent les autres chevaucher les campagnes figeacoises. Ils s'acharnèrent durant dix jours, sans aucun résultat autre que celui de finir de réduire à néant le potentiel offensif de leur armée.

Prenant acte de leur échec devant Figeac, Chandos et Knoles prirent aussi la mesure de la situation de déliquescence dans laquelle se trouvaient leurs hommes. Ils décidèrent alors de les disperser dans tous le pays environnant pour leur permettre de se ravitailler au mieux. Durant plus de dix jours, l'armée anglaise s'évapora…

L'échec de la chevauchée Chandos-Knoles

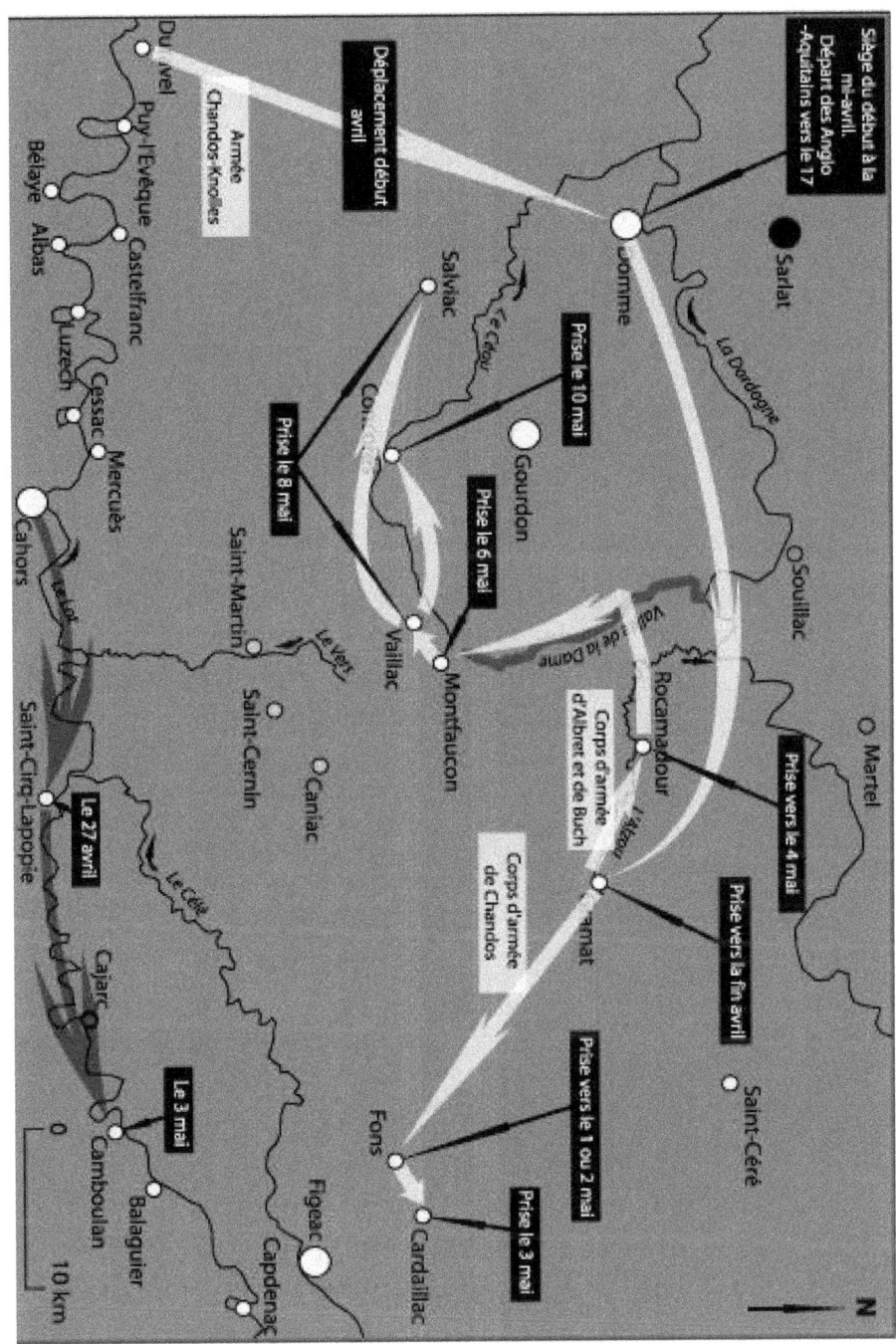

Les mouvements de l'armée Chandos-Knoles (flèches blanches)

Rendez-vous avait été donné devant Villefranche-de-Rouergue aux différents détachements. Lorsqu'ils furent à nouveau réunis, dans un dernier effort, Chandos et Knoles jouèrent de la surprise et de l'air un peu plus offensif de leurs hommes pour déstabiliser les habitants de la ville. Ils l'assiégèrent comme s'ils en avaient les moyens et ce coup de poker fonctionna : Villefranche se rendit après quatre jours de résistance seulement.

Ce succès sonna la fin de l'expédition. Les chefs anglais se réunirent en conseil de guerre et décidèrent de stopper là les opérations : l'armée était à bout et espérer un meilleur résultat final que la prise de Villefranche était totalement illusoire. Il ne restait plus qu'une chose à faire : la dissoudre en petits détachements pour occuper les places prises durant la chevauchée et renforcer les défenses des localités encore fidèles au Prince Noir. Celles-ci n'étaient plus qu'une poignée : la déconfiture de l'expédition avait fait basculer la plupart des municipalités dans le camp français.

La prise de Figeac
(14 octobre 1371)

Depuis la reprise de la guerre et l'infructueuse chevauchée de John Chandos et Robert Knoles, en 1369, les compagnies anglaises installées dans quelques châteaux et localités fortifiées soumettaient la province à une forte pression : pillant tout ce qu'elles pouvaient, elles rançonnaient la population et obligeaient les communautés à établir avec elles de coûteux traités de paix provisoires.

En cette fin du mois de septembre 1371, l'un des plus fameux capitaines anglais de l'époque, le Gascon Bertrucat d'Albret, décida de revenir opérer en Quercy, une région qu'il connaissait particulièrement bien pour y avoir guerroyé durant de nombreuses années et où il possédait la bastide de Montfaucon, qu'il avait prise deux ans plus tôt alors qu'il se trouvait dans l'armée Chandos-Knoles. Après s'être installé au nord de la vallée de la Dordogne, du côté de Martel, Vayrac et Beaulieu, il y fut rejoint par un autre chef anglais de renom, Bernard de la Salle qui, gascon comme lui, était surnommé « le chat » à cause de son agilité à escalader les murailles ennemies.

Les deux hommes décidèrent de prendre une localité importante dont le pillage et la rançon pourraient les enrichir sans commune mesure. Leur choix se porta sur Figeac, ville royale non loin de laquelle ils pouvaient disposer de deux points d'appuis pour préparer leur action, Cardaillac et Fons, qui étaient aux mains des Anglais depuis deux ans. Ils commencèrent ainsi par discrètement envoyer des espions examiner les défenses figeacoises, noter les relèves de la garde, repérer les points faibles, etc. Dans le même temps, ils firent avancer leurs 700 hommes jusqu'à Lasbastide-Fortanière (auj. Labastide-Murat).

Vestiges de l'enceinte médiévale de Figeac, au nord de la ville

Les précautions prises par les deux capitaines ne pouvaient totalement déjouer l'excellent système de renseignement mis en place par les autorités françaises de la région. Les consuls de Figeac, en particulier, comprirent rapidement que quelque chose se tramait. Il leur était cependant difficile de savoir de quoi il en retournait précisément : non seulement Bertrucat d'Albret et Bernard de la Salle se tenaient du côté de Martel, bien éloignés de leur objectif, mais surtout ils orchestrèrent une campagne d'intoxication réussie qui fit croire aux Français que c'était Cajarc, et non Figeac, qui était au cœur des visées anglaises.

Sceau de Bertrucat d'Albret

Le 13 octobre, l'opération était fin prête et, le soir venu, les hommes stationnés à Labastide-Murat se mirent en route dans la nuit pour rejoindre Figeac. Arrivés devant la ville, leurs chefs les disposèrent discrètement face au point où l'assaut devait avoir lieu, puis ils attendirent l'aube.

Alors que le soleil commençait à colorer l'horizon et que les guetteurs figeacois ensommeillés attendaient d'être relevés après une longue nuit de veille, Bertrucat et Bernard firent lancer grappins et échelles de cordes. Quelques carreaux d'arbalètes et coups de couteau eurent rapidement raison des gardes fatigués et, par la brèche ainsi réalisée, les assaillants franchirent prestement la muraille et se répandirent en ville, annihilant instantanément toute velléité de résistance. Ce fut fini en quelques minutes et les habitants, sortant tout juste de leurs lits, ne purent plus alors qu'assister, impuissants, au spectacle désolant donné par les soudards en plein pillage.

Pour les deux capitaines gascons, la prise était belle : avant la guerre, la ville avait concentré en son sein de nombreuses activités commerciales et abritait encore un atelier monétaire ainsi que de sept monastères. Ils avaient aussi une autre raison d'être particulièrement satisfaits : ils avaient réussi avec quelques centaines d'hommes là où John Chandos et Robert Knoles avaient échoué avec plusieurs milliers, deux ans auparavant. Bertrucat, qui était chevalier, décida de fêter cet exceptionnel fait d'armes en conférant la même qualité à son compagnon qui, bien qu'ayant déjà dépassé la quarantaine et montré son courage sur de nombreux champs de bataille, n'était encore qu'écuyer.

Une fête fut rapidement préparée et, pendant que les hommes disponibles se rassemblaient, Bernard alla écouter la messe et se confesser, comme le voulait la coutume. Ces formalités terminées, il rejoignit la plus grande place de la ville où l'attendaient ses compagnons d'armes ; il alla s'agenouiller devant Bertrucat, qui lui conféra alors cérémonieusement la chevalerie du plat de son épée. En adoubant ainsi son compagnon d'armes, Bertrucat ne faisait pas que reconnaître ses qualités militaires, il pesait aussi ses mérites moraux et sa fidélité au roi d'Angleterre.

Figeac. Hôtel de la Monnaie (fin XIIIe siècle)

La cérémonie terminée, les deux Gascons purent s'occuper du devenir de la ville et de ses habitants. Ces derniers avaient bafoué l'autorité anglaise lorsqu'ils avaient rallié le roi de France, deux ans plus tôt : sous la contrainte, on leur fit prêter un nouveau serment de fidélité au souverain anglais. Ceci fait, Bertrucat nomma Bernard « capitaine de Figeac pour messeigneurs le roi d'Angleterre et le prince d'Aquitaine ». Le retour de la localité dans le giron français n'avait duré que deux ans…

Les Anglais décidèrent assez rapidement de profiter des possibilités que leur donnait une localité fortifiée d'une telle importance pour la préparation de leurs opérations : on pouvait y rassembler troupes et approvisionnements en grandes quantités tout en bénéficiant des services existants sur place, avec maréchaux-ferrants, chirurgiens-barbiers, médecins, commerces divers, prostituées… D'autre part, la ville était bien située par rapport aux itinéraires tactiques matérialisés par les cours d'eau : le Célé menait vers les montagnes d'Auvergne, tandis que la vallée du Lot ouvrait sur toute la partie nord du Rouergue et le sud du Quercy.

Dès le 2 janvier 1372, les deux capitaines lancèrent 400 cavaliers hors de la ville avec mission d'aller ravager le Rouergue ; ils firent ensuite mener raids sur raids dans cette province jusqu'à plus de 80 kilomètres de Figeac, prenant successivement Buzareingues, Palmas et Espalion avant d'aller menacer Millau. Les mois qui suivirent les virent poursuivre leurs opérations dans la même zone avec acharnement.

Malgré les avantages militaires qu'elle leur procurait, la ville représentait aussi une lourde charge pour être correctement défendue, aussi les deux capitaines se montrèrent rapidement disposés à la revendre aux Français pour en tirer un substantiel bénéfice. Le comte d'Armagnac fut chargé de négocier avec eux ; l'affaire ne fut pas simple, car s'il parvint à un accord avec les deux Gascons dans le courant de 1372, il éprouva les plus grandes difficultés à réunir les fonds nécessaires : les communes de la région rechignaient en effet à payer les sommes demandées, et il ne parvint à les convaincre de le faire qu'en juillet 1373. Encore fallait-il que l'argent soit effectivement versé, aussi Bertrucat et Bernard n'évacuèrent-ils Figeac qu'une fois le plus gros du prix convenu payé, en septembre suivant, et non sans avoir pris de solides garanties pour le versement du reliquat. Quant à la ville de Figeac, elle s'endetta pour plusieurs dizaines d'années afin de payer sa part.

Le siège du château de Mercuès
(1428)

La guerre de Cent Ans, qui avait commencé à toucher le Quercy en 1346, durait maintenant depuis 82 ans. Les Quercinois de l'époque n'avaient connu que ces temps troublés durant lesquels les épidémies de peste et les disettes avaient encore renforcé les conséquences des combats. Ils avaient l'habitude de lutter contre les compagnies anglaises : si trente ans auparavant elles étaient encore des dizaines installées dans la province, elles y étaient depuis moins nombreuses mais menaient toujours des raids dévastateurs.

Depuis la fin 1426, les habitants de la région de Cahors avaient tout particulièrement à souffrir de la compagnie installée au château de Mercuès. Celui-ci, possession de l'évêque, avait été pris par un chef anglais, le Captal de Buch, à la tête de ses troupes et de détachements provenant des garnisons installées aux châteaux de Clermont-le-Gourdonnais et de Puycalvel. Cette action avait été semble-t-il entreprise en représailles contre la ville de Cahors parce qu'elle tardait à payer ce qu'elle devait au capitaine anglais Beauchamp, à qui elle avait acheté son départ du château de Cessac deux ans auparavant.

Ruines du château de Cessac

Depuis Mercuès, les Anglais organisaient des razzias dans tout le pays, chevauchant même jusqu'à Figeac, d'où ils ramenaient force butin et prisonniers, ces derniers étant destinés à être libérés contre rançon. L'évêque et la municipalité de Cahors essayèrent de réagir en septembre 1427 en organisant une assemblée où officiers royaux, communes, nobles et ecclésiastiques devaient se concerter sur les opérations à entreprendre contre cette garnison ; il ne sortit malheureusement rien de concret de cette réunion et aucune action ne fut mise sur pied : l'ensemble des participants songeaient avant tout à défendre leurs propres localités plutôt que de risquer de l'argent et des hommes au seul bénéfice de Cahors. Se retrouvant plus ou moins seuls face aux redoutables guerriers retranchées dans le château, les Cadurciens se résolurent à négocier avec eux, pratique courante depuis de nombreuses décennies ; finalement, un traité fut conclu et les Anglais acceptèrent de cesser leurs déprédations en échange de paiements en argent et vivres.

Ils ne tinrent cependant pas leurs engagements : au cours de l'année 1428, ils brûlèrent ou endommagèrent des récoltes sur pied et attaquèrent les issues de la ville à plusieurs reprises ; ils montèrent aussi de nombreuses embuscades pour capturer des habitants, dont l'une, le 1er mai, leur permit de prendre onze jeunes gens d'un coup. Les Cadurciens étaient cependant vigilants et les Anglais ne réussissaient pas toujours leur coup ; il ne faisait alors pas bon se trouver sur leur chemin lorsqu'ils avaient été mis en échec par la défense de la ville : deux petits vieux en firent l'amère expérience en étant blessés à mort du côté de Sainte-Valérie.

Le château de Mercuès surplombant le Lot.

Au printemps, la nouvelle municipalité de la ville, qui venait d'être élue, décida de prendre sérieusement les choses en main et de chasser les Anglais de Mercuès. Pour renforcer ses troupes, elle lança un appel à l'aide dans toute la province puis, en attendant l'arrivée des renforts escomptés, engagea 50 cavaliers et fantassins en leur donnant pour mission de gêner le ravitaillement des Anglais depuis les villages d'Espère et de Mercuès.

Les premiers contingents envoyés à l'aide de Cahors commencèrent à arriver le 17 juillet. Il n'y avait pratiquement que des troupes seigneuriales car la plupart des communes, dont Figeac, Montauban et Moissac, choisirent de s'abstenir, ne voulant pas se séparer de forces qu'elles estimaient indispensables à leurs propres protections ; quant aux bourgs de Lauzerte et de Montcuq, ils étaient ravagés par une épidémie de peste et ne pouvaient fournir le moindre combattant.

Au début du mois d'août l'effectif des renforts était de 113 hommes d'armes à cheval, 63 arbalétriers et 3 archers. Ajoutés aux propres troupes de Cahors, qui se montaient peut-être à 4 ou 500 hommes, ils constituaient une force tout juste suffisante pour attaquer Mercuès. Il fut convenu qu'il était nécessaire, avant de s'en prendre à la puissante forteresse, d'éliminer la menace constituée par la garnison de Clermont-le-Gourdonnais, qui pourrait gêner les opérations si on ne la neutralisait pas. Le plan élaboré contre elle était simple : on marcherait secrètement toute une nuit pour mener un assaut par surprise au petit matin, appuyé par le feu de deux bombardes. Les troupes françaises se mirent donc en route au soir du mercredi 3 août, puis marchèrent toute la nuit avant de lancer l'action à l'aube, comme prévu. La surprise paya, car l'attaque fut couronnée de succès et les Français se rendirent très rapidement maîtres du château sans avoir une seule perte à déplorer. On y mit le feu avant de partir.

Clermont pris, on put se préoccuper de Mercuès. Il était évident que cette position ne tomberait pas aussi facilement et qu'il allait falloir la contraindre à la reddition par un siège bien mené. On s'inquiéta en premier lieu d'empêcher son ravitaillement en eau, qui se faisait par des corvées descendant jusqu'à la rivière du Lot : une grosse gabarre fut « blindée » à grand renfort de planches, équipée de canons et de grandes arbalètes ; pourvue d'un équipage de combattants, elle fut envoyée, le 14 août, s'amarrer en bas du château pour interdire à ses défenseurs de s'approvisionner en eau. Six jours plus tard, le reste des troupes, qui s'étaient encore accrues – modestement – de neuf hommes d'armes à cheval et de sept arbalétriers, allèrent investir la forteresse de tous les côtés ; en bas de celle-ci, l'enceinte du village de Mercuès fut renforcée par de petites tours charpentées armées de canons, de grandes arbalètes à tour et précédés de haies de pieux pouvant tout autant faire face à une sortie des assiégés qu'à une attaque venant de l'extérieur : des renseignements faisaient en effet état d'une armée de secours partie de Bordeaux pour venir aider la garnison assiégée. D'autre part, des bombardes et un trébuchet furent rapidement mis en batterie : les boulets de pierre de plus de 100 kilos tirés par le second détruisirent rapidement la toiture du château et les pièces qu'elle abritait.

Grande arbalète à tour

Alors que le siège durait depuis trois semaines, l'armée de secours anglaise, forte de 1500 cavaliers et commandée par le Captal de Buch, arriva le sept septembre et se mit en position pour lancer une attaque. Toutefois, voyant les dispositions prises par les Français et doutant de les vaincre facilement, son chef décida de négocier : il offrit de faire abandonner les lieux par ses hommes et de faire évacuer le château contre un fort paiement ; les Quercinois, comptant que le siège, qui pouvait durer longtemps, leur coûtait 300 moutons d'or (type de monnaie) par jour et évaluant la menace constituée par les troupes du Captal, qui pouvaient franchir le Lot et aller s'en prendre à Cahors, acceptèrent de négocier. Par chance, suite à de fortes pluies, le niveau de la rivière monta durant la nuit et, au matin, le gué de Mercuès était infranchissable, éliminant ainsi la menace pesant sur la rive opposée et Cahors : au matin, les consuls proposèrent au Captal le paiement d'une « pièce de tissu de Damas » et de 1600 moutons d'or en échange de son départ ; bloqué devant Mercuès et sans possibilité de manœuvrer, il ne put qu'accepter ces conditions finalement assez désavantageuses.

Les défenseurs de Mercuès quittèrent donc librement le château en passant au milieu des assiégeants contre qui ils s'étaient durement battus ; ils rejoignirent l'armée de secours et repartirent calmement avec elle sans causer de nouvelles déprédations. Entrant dans le lieu qu'ils venaient de reconquérir à coups d'épées et d'argent, les Quercinois découvrirent une forteresse aux toits éventrés et aux intérieurs ruinés par trois semaines de combats. Il fallait rapidement la remettre en état : les compagnies anglaises étaient encore nombreuses à opérer dans la région…

Trébuchet

Les opérations de la première guerre de Religion (1562-1563)

Toute la première partie du XVIe siècle fut marquée par l'apparition et le développement du protestantisme, né en 1517 avec les *95 Thèses* que le moine allemand Martin Luther écrivit pour dénoncer les travers de l'église catholique et remettre en cause un certain nombre de ses dogmes. Très rapidement, cette nouvelle pensée religieuse se répandit en France où elle atteignit toutes les couches de la société. Cela n'alla pas sans heurts avec le pouvoir royal, qui appuyait son autorité sur la religion catholique, dont il était aussi le garant. Ainsi, plus le protestantisme se répandait, plus la législation se durcissait à l'encontre des Réformés, comme on appelait ses tenants, tandis que les confrontations se multipliaient au sein du peuple entre les partisans des deux religions.

En Quercy, ces violences devinrent courantes, notamment à et autour de Montauban. A l'automne 1561, elles atteignirent un niveau inquiétant : le 16 novembre à Cahors, dans la rue des Soubirous, les insultes dégénérèrent en émeutes durant lesquelles une trentaine de Huguenots - autre nom donné aux Protestants – furent massacrés. Quelques semaines plus tard, le 1er mars 1562, le massacre des Réformés de Wassy, en Champagne, sonna le début de la première guerre de Religion.

L'église Saint-Jacques de Montauban fut fortement endommagée par les Protestants en 1561.

Les Protestants toulousains s'enflammèrent, mais les Catholiques intervinrent rapidement et reprirent le contrôle de leur ville sous les ordres de Blaise de Monluc. Celui-ci se dirigea ensuite vers le Bas-Quercy, où les Huguenots tenaient Montauban et multipliaient les exactions. Fin mai 1362, il posa le siège devant la cité montalbanaise ; avec ses 900 soldats et ses 3 canons, il devait faire face à 3500 hommes appuyés par de nombreuses pièces d'artillerie. De furieux combats eurent lieu mais, en flagrante infériorité numérique, les Catholiques ne purent que lever le siège ; ils n'abandonnèrent cependant pas la partie et répartirent leurs troupes dans tous le Bas-Quercy pour s'opposer aux pillages et aux tueries perpétrés par leurs ennemis.

Blaise de Monluc

Mi-août, une armée protestante menée par Symphorien de Duras arriva dans le pays et s'empara de Lauzerte, dont une partie fut incendiée tandis que 194 prêtres, qui s'y étaient réfugiés, furent purement et simplement passés au fil de l'épée ; en tout, 500 habitants périrent dans l'affaire. Cette armée se dirigea ensuite vers Caylus, une cinquantaine de kilomètres à l'est ; l'assaut fut donné et la ville, mal défendue, tomba rapidement. Comme à Lauzerte, les Réformés laissèrent libre cours à leurs instincts meurtriers : ils massacrèrent cette fois-ci 120 prêtres. Quittant la vallée de la Bonnette, Duras marcha ensuite sur le Haut-Quercy ; début septembre, il était à Gourdon où les troupes de Bessonie, un capitaine huguenot originaire de Sousceyrac, vinrent se joindre à lui.

Le but de Duras était alors de préparer ses troupes à rejoindre Orléans, où elles devaient s'intégrer à l'armée du prince de Condé, qui préparait une grande offensive contre les Catholiques. Pour effectuer ce long trajet vers le nord, il avait besoin d'argent, de vivres et de chariots : il comptait se servir en Quercy. C'est ainsi que, depuis Gourdon, lui et ses hommes écumèrent tout le pays pour récolter tout ce qui pourrait leur être utile ; Bessonie, de son côté, pilla tout particulièrement Rocamadour, où il ruina et dépouilla les sanctuaires ; ses hommes ayant trouvé la dépouille de saint Amadour, il s'acharna sur elle, la brûlant et la foulant aux pieds. Les Réformés s'en prirent ensuite à Gramat et à la région de Figeac avant de retourner vers le sud où ils ruinèrent Douelle, Albas et Castelfranc.

Blaise de Monluc avait entre temps réuni ses troupes et s'était lancé à leur poursuite. Les Huguenots retraitèrent alors vers Caussade, qu'ils prirent et mirent à sac non sans avoir précipité quelques prêtres depuis le clocher de l'église. De leur côté, les Catholiques ne faisaient pas plus de détail et les Réformés pris les armes à la main étaient systématiquement exécutés.

L'église de Caussade

Monluc à ses trousses, Duras ne s'attarda pas à Caussade et préféra rompre le contact. Il alla ensuite rapidement mettre son armée à l'abri des solides fortifications de Montauban. Les Catholiques n'avaient pas les moyens d'attaquer la ville, aussi s'installèrent-ils solidement à Moissac pour surveiller et prévenir les mouvements de leur ennemi. Durant plusieurs jours, jusqu'à la fin du mois de septembre, la situation se calma un peu et il ne se produisit que quelques escarmouches dans l'espace séparant les deux localités.

Douelle. Au XVIe siècle, le passage de la rivière se faisait sur un bac.

Duras réussit à déjouer la surveillance des Catholiques et réussit à quitter son repaire pour foncer vers le nord. Monluc crut que son objectif était Cahors, aussi y envoya-t-il immédiatement des renforts, mais en fait les Huguenots contournèrent la ville par l'ouest, franchirent le Lot à Douelle et allèrent attaquer le château de Mercuès, où résidait l'évêque de Cahors. Prenant la défense de la forteresse au dépourvu, ils réussirent à ouvrir une brèche dans l'enceinte à coups de canon. Surtout Duras, qui avait en fait bien préparé son action, s'était assuré de la trahison d'un des capitaines de l'évêque, qui facilita grandement la réussite de l'assaut : la place tomba rapidement entre ses mains. Forts de ce succès, lui et ses hommes allèrent prendre et piller Catus, le château de Péchaurié, puis Saint-Germain-du-Bel-Air, Concorès, Saint-Chamarand, le Vigan et enfin Gourdon. Là, il rassembla les fruits de ses pillages et de ceux des autres capitaines opérant dans la région avant de partir vers le nord pour rejoindre l'armée du prince de Condé.

Château de Mercuès : la porte

Le capitaine Bessonies ne suivit pas le gros de la troupe : l'armée de Monluc s'éloignant en poursuivant celle de Duras, il décida d'en profiter et de rester un peu en Haut-Quercy. Début octobre, il attaqua et prit Autoire, Saint-Jean-Lespinasse ainsi que Saint-Médard-de-Presque. Ceci fait, il mena ses hommes vers le Périgord pour rejoindre Duras. Il l'atteignit juste avant le désastre : après une longue poursuite, Monluc finit enfin par rattraper les Protestants et leur livra bataille le 9 octobre à Vergt ; il leur infligea une cuisante défaite, dispersant totalement leur armée dont les débris furent un bien piètre renfort pour le prince de Condé.

Le même jour, une forte armée catholique vint se positionner pour assiéger Montauban, dont les habitants ne cessaient de mener des opérations dévastatrices en Bas-Quercy et même en Toulousain. De suite s'engagèrent de furieux combats durant lesquels des hommes tombèrent par dizaines pour la possession d'un faubourg, d'un bout de rempart ou d'une église. Vers la fin du mois d'octobre, Blaise de Monluc rejoignit l'armée catholique et conseilla à ses chefs de lever le siège pour installer à la place un blocus serré de la ville ; ce fut chose faite le 15 novembre, les troupes étant disposées à Montbéton, Piquecos, Réalville, Caussade, etc.

Les Montalbanais étaient soutenus depuis l'extérieur et notamment par Jeanne de Genouillac qui, depuis son château d'Assier, essayait de les faire secourir par l'armée de son fils. Elle s'employa aussi à réunir tous les capitaines protestants du Haut-Quercy en vue de leur faire attaquer et prendre Figeac ; la tentative fut un échec mais les Huguenots réussirent à se rabattre avec succès sur Capdenac et Béduer ; avec les places de Camboulit, Latronquière et Cardaillac, qu'ils tenaient déjà, ils étaient solidement installés dans cette partie de la province.

Jeanne de Genouillac

Les nouvelles venant du Nord n'étaient cependant pas bonnes pour les Protestants : le 20 décembre, l'armée du prince de Condé avait été défaite à Dreux par les troupes royales ; les Montalbanais n'en avaient été avertis que 10 janvier et leurs chefs leur avaient demandé de poursuivre le combat malgré tout. De fait, durant tout le reste du mois et au début du suivant, les escarmouches se multiplièrent contre les garnisons des postes catholiques disséminés autour de la ville. La guerre cependant touchait à sa fin : suite au siège d'Orléans, où périt notamment Duras, des négociations furent menées entre les deux partis et la paix fut conclue le 19 mars par l'édit de pacification d'Amboise.

L'édit ne fut apporté à Montauban que le 19 avril, jour où tous les combattants mirent bas les armes. Les dispositions qu'il prévoyait furent difficilement appliquées ; les Montalbanais refusèrent en effet de rendre certaines églises aux Catholiques tandis que ceux-ci faisaient toutes les obstructions possibles ; plus d'un an après, les deux partis ergotaient encore. De plus, la reconstruction du pays fut malaisée en raison des épidémies qui sévissaient et ne faisaient que maintenir l'instabilité de la situation politique. Les deux partis restèrent ainsi prêts à tirer l'épée. Ainsi se terminait la première guerre de religions en Quercy : tout indiquait qu'elle n'était pas la dernière.

La bataille de Cahors
(29 mai – 1ᵉʳ juin 1580)

La septième guerre de religion éclata en novembre 1579. Dans la cadre des opérations en Guyenne, Henri de Navarre, le futur roi de France Henri IV, résolut de s'emparer de Cahors : non seulement cette ville avait refusé de lui ouvrir ses portes suivant les conventions conclues à la fin du conflit précédent mais, de plus, disposant déjà de Montauban et de Figeac, il ne lui manquait plus qu'elle pour contrôler la plus grande partie du Quercy.

Henri de Navarre vers 1575

Cahors bénéficiait de fortifications en bon état, dont une partie avait été adaptée à l'utilisation de l'artillerie à poudre. La défense était dirigée par le sénéchal du Quercy Jean de Vézins, un capitaine expérimenté ; il commandait une garnison comptant aux alentours de quatre ou cinq-cents hommes, dont une bonne moitié au moins d'arquebusiers ; il pouvait aussi compter sur une grande partie de la population masculine de la ville, dont l'effectif devait avoisiner les deux mille individus, tous catholiques et, semble-t-il, correctement armés. Il avait réparti ses troupes sur plusieurs points de l'enceinte pour conforter la garde effectuée par les habitants mais avait conservé avec lui un élément réservé fort d'environ deux-cents arquebusiers et d'une quarantaine d'hommes d'armes. Pour le reste, les dispositions particulières qu'il avait prises, qui nous sont inconnues, lui semblèrent largement suffisantes pour le mettre à l'abri de toute surprise, car il s'autorisa à envoyer des messages de provocation aux Protestants.

Les troupes dont disposait Henri de Navarre étaient constituées de douze pétardiers, d'une trentaine de cavaliers et de 1300 à 1500 fantassins dont une large majorité d'arquebusiers. Il ne les engagea pas à la légère et envoya des espions en ville afin d'établir son plan en fonction des dispositions défensives prises par ses adversaires. Son analyse de la situation faite, il décida qu'il prendrait la ville par un gros coup de main, l'effectif trop réduit de ses troupes lui interdisant d'envisager un siège ou une attaque frontale : il devait agir par surprise, brutalement et très rapidement sur un seul point.

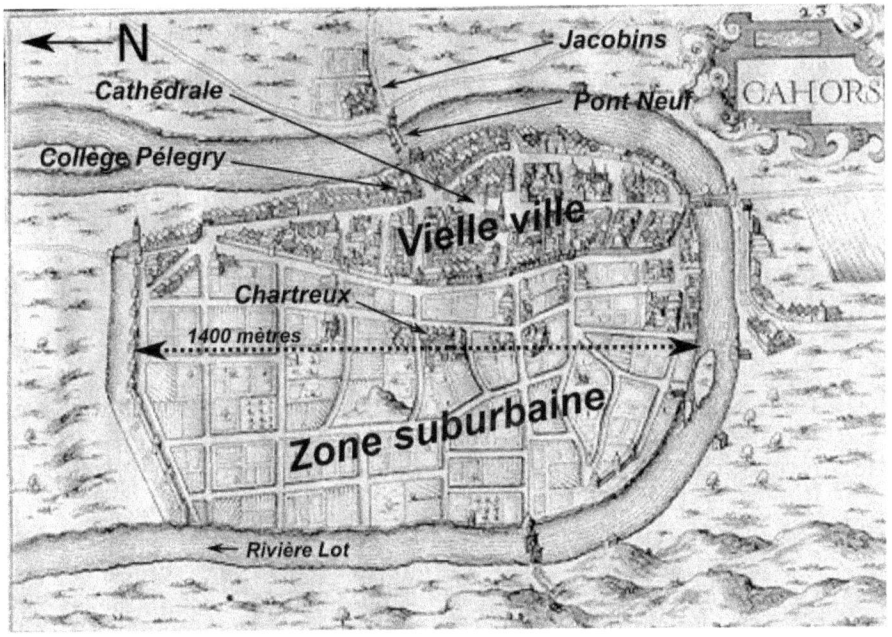

Plan général ancien de Cahors

Henri de Navarre résolut de s'emparer en premier du pont Neuf car celui-ci donnait directement sur le cœur de la cité ; l'ouvrage était cependant fortifié, avec ses trois tours, deux grosses protégeant les portes situées à chaque extrémité et une plus petite au milieu, abritant une barrière ; ses approches extérieures étaient de plus battues par les armes positionnées au couvent des Jacobins, situé dans son prolongement. Pour s'affranchir de ces obstacles, il décida qu'il enverrai un petit groupe qui, après être passé furtivement devant le couvent des Jacobins, ferait exploser la première porte extérieure du pont avec un pétard ; ce dispositif, nouveau à l'époque, était constitué par une sorte de vase rempli de poudre d'une quinzaine de centimètres de diamètre sur une vingtaine de long, que l'on appliquait sur les battants de l'issue à détruire. Une fois que la porte aurait sauté, l'élément d'assaut positionné en arrière s'élancerait, prendrait pied sur le pont avant de s'emparer du passage jusqu'à la tour centrale ; là, il briserait la barrière, puis progresserait jusqu'à la deuxième et dernière porte, que l'on ferait exploser à son tour. Ceci fait, la défense serait blessée à mort, les combattants ennemis désorientés et il ne resterait plus qu'à s'engouffrer dans la ville pour s'emparer de ses points névralgiques en réduisant les dernières résistances.

Pour garantir son effet de surprise, Henri de Navarre rassembla ses troupes à Saint-Antonin-Noble-Val, à plus de quarante kilomètres de son objectif, dans la journée du 29 mai 1580. Il leur fit sans doute parcourir l'essentiel du chemin en ordre dispersé pour plus de discrétion, avant de les regrouper au château de Vayrols, à cinq kilomètres de Cahors, où les derniers ordres furent donnés. Le cheminement choisi pour atteindre la ville finissait par une vallée encaissée qui, débouchant à moins de 300 mètres du pont Neuf, permettait une approche très discrète ; la furtivité de la progression finale, nocturne, fut de plus favorisée par un orage sec dont les forts coups de tonnerre se succédaient sans discontinuer.

Le pont Neuf avant 1906. Ses tours et son corps de garde avaient déjà été démolis.

Le groupe chargé de faire sauter la porte comprenait les douze pétardiers et dix soldats chargés de leur protection immédiate ; derrière eux, à une distance suffisante pour ne pas compromettre la discrétion du dispositif, vingt fantassins et trente cavaliers se tenaient prêts à venir les appuyer ou à les recueillir au cas où la garnison du couvent des Jacobins les aurait décelés. Venait ensuite l'élément de choc, fort d'une centaine de combattants, chargé de monter à l'assaut sitôt que la porte aurait sauté. Derrière lui se trouvait le gros des troupes dont la mission était d'exploiter la percée : il y avait là Henri de Navarre, ses 200 hommes d'armes et 1000 à 1200 arquebusiers.

Les pétardiers réussirent à atteindre la porte sans se faire repérer. Ils y appliquèrent leur engin mais peut-être le fixèrent-ils mal, car les battants ne furent pas emportés : l'explosion ne fit en effet qu'un gros trou qu'il fallut immédiatement élargir à coups de hache. Les minutes qui suivirent furent sans doute confuses, mais les premiers assaillants réussirent rapidement à passer à quatre pattes et, bientôt, l'assaut fut lancé contre la barrière du milieu du pont. Si la première explosion avait pu passer pour un coup de tonnerre, le bruit de l'affrontement ne laissa alors aucun doute à la population des quartiers environnants, qui accourut à la rescousse tandis que l'on faisait sonner le tocsin. Ces renforts ne montèrent cependant pas sur le pont, les issues étant fermées, aussi les Huguenots purent-ils, une fois la garde de l'ouvrage neutralisée, faire sauter la dernière porte qui leur fermaient le passage vers la ville.

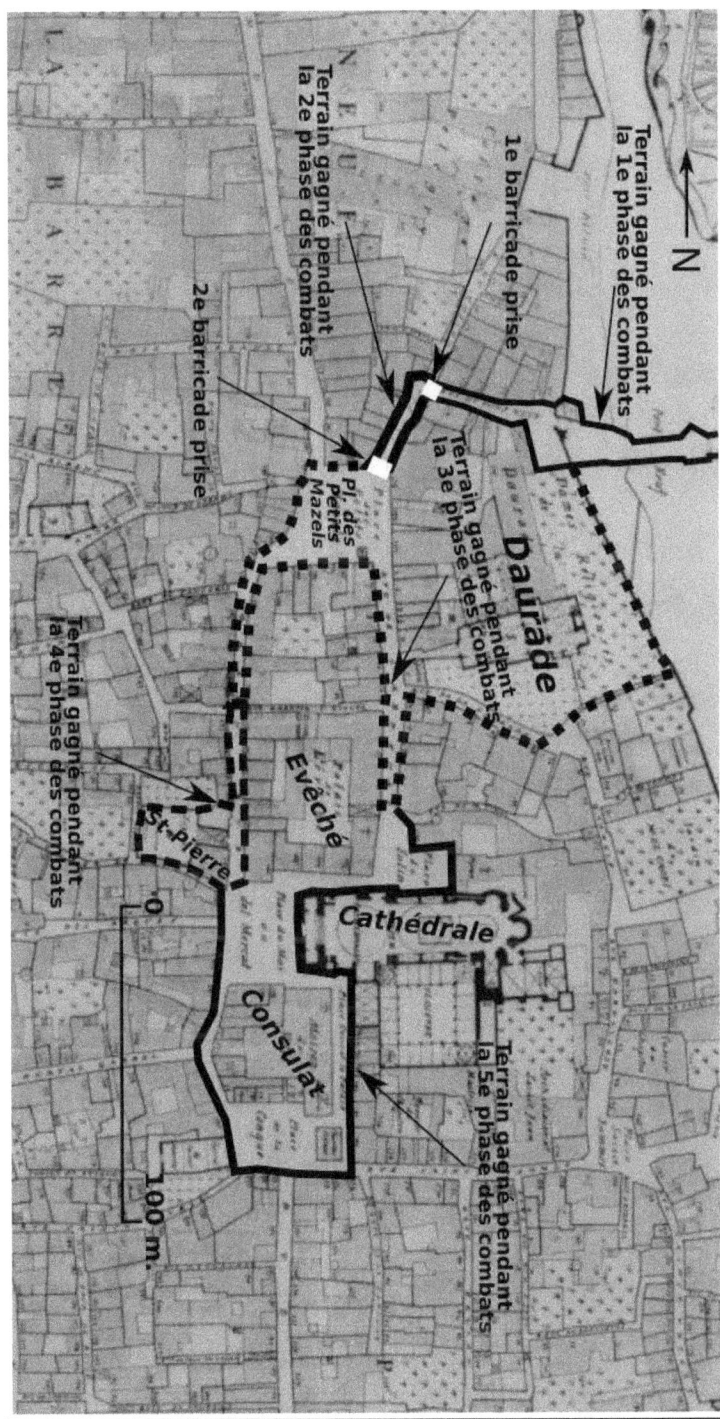

Carte 1 : les combats de la 1ère journée

La première phase des combats (cf. carte 1) ne commença vraiment qu'à ce moment là. Canalisé par la trame urbaine, le groupe d'assaut s'engouffra alors dans la rue du Pont Neuf ; elle courait sur une cinquantaine de mètres avant de rejoindre la rue Pélegry avec laquelle elle formait un carrefour en T, carrefour où les défenseurs étaient en train de monter une barricade avec des tonneaux, des poutres, des meubles, etc. Le mêlée qui s'engagea fut particulièrement intense, les assaillants devant non seulement lutter à l'arme blanche contre l'infanterie adverse, mais aussi essayer d'éviter les pierres, bûches, tuiles et objets divers que la population leur lançaient depuis les étages des maisons bordant la rue.

La rue du Pont-Neuf. Au fond, le carrefour en T

Plusieurs capitaines protestants furent alors blessés, suite à quoi leurs troupes connurent un moment de flottement ; pressées par les Catholiques, elles commencèrent à refluer en désordre vers le pont, au milieu duquel se trouvait encore Henri de Navarre ; celui-ci les arrêta, les relança en avant et bientôt tout le terrain perdu fut regagné de haute lutte. L'affrontement reprit alors de plus belle devant la barricade fermant la rue du pont Neuf ; le célèbre Sully, fidèle compagnon d'Henri de Navarre et futur maréchal de France, y fut renversé par une grosse pierre qui, lancée d'une maison bordant la rue, l'étendit sans connaissance ; relevé par deux camarades, il retrouva ses esprits et reprit sa place au combat. La fureur des Protestants finit par avoir raison de la barricade, qui fut emportée dans un dernier assaut.

Sully (Maximilien de Béthune, duc de Sully)

La seconde phase des combats (cf. carte 1) débuta alors. La prise de la barricade avait donné aux Huguenots l'accès à la rue Pélegry, qui à gauche montait vers la place des Petits Mazels (ou Petites Boucheries, aujourd'hui place de la Libération) et à droite descendait vers le collège Pélegry. En fait, la situation était encore pire qu'auparavant : non seulement les étages et les toits étaient toujours utilisés par les Catholiques pour écraser les assaillants de projectiles divers, mais les deux issues de la rue étaient chacune fermée d'une barricade. Souhaitant progresser vers le centre de la ville, les Protestants attaquèrent celle interdisant le débouché vers la place mais, ce faisant, ils se retrouvèrent avec celle obstruant l'accès au collège dans le dos, d'où leur furent envoyées des volées de balles d'arquebuses. La barricade bloquant l'accès à la place était fermement défendue et le tir des armes à feu individuelles y était renforcé par celui d'un canon. Après de longs échanges de tirs, les Huguenots montèrent à l'assaut à la hallebarde, à la pertuisane et à l'épée ; après plusieurs tentatives infructueuses et sanglantes, leur résolution eut raison de l'obstacle. Sully, entre autre, fut blessé à la cuisse durant ces affrontements et dut se retirer momentanément du champ de bataille.

Les Huguenots nettoyèrent alors la place des Petits Mazels afin de disposer d'un espace pour enfin se déployer, ce qui marqua le début de la troisième phase des combats (cf. carte 1). Ils attaquèrent ensuite de manière à envelopper le quartier de la Daurade, que les défenseurs, assaillis de trois côtés, finirent par abandonner pour rejoindre les barricades interdisant les rues menant à la Cathédrale. Même si l'on manque de détails sur cette partie des combats, il semble néanmoins que les affrontements y furent particulièrement intenses : Henri de Navarre, par exemple, y rompit deux pertuisanes et eut son armure marquée de plusieurs coups de feu et d'armes blanches. A la fin de cette série d'engagements, les Protestants tenaient un terrain relativement important, avec notamment les deux rues qui, encadrant l'évêché, menaient vers le cœur de la ville constitué par le consulat et le groupe cathédral.

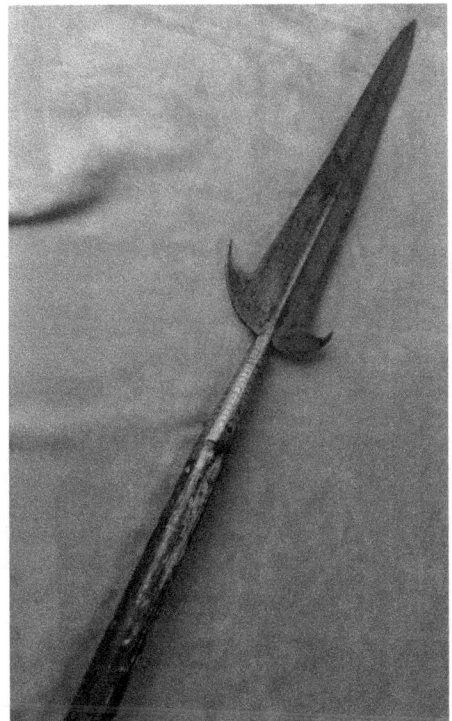

Fer de pertuisane

La quatrième phase des combats (cf. carte 1) fut déterminante pour la suite des opérations. Le vicomte de Turenne mena en effet un violent assaut dans la rue bordant l'évêché à l'ouest, s'y empara de la barricade qui la fermait et, juste après, de l'église Saint-Pierre qui la bordait. Il perdit beaucoup de monde dans l'affaire mais, sur le plan tactique, l'avantage qu'il prit était énorme : transformant le sanctuaire en véritable fortin, il disposait désormais d'une base d'assaut convenable pour attaquer le consulat ou progresser dans les rues à l'ouest pour couper les communications entre le nord et le sud de la ville.

De fait, la cinquième phase des combats (cf. carte 1) fut d'abord constituée par l'attaque victorieuse du vicomte de Turenne contre le consulat, qui tomba malgré les canons qui le défendaient. Cette position entre leur main, une partie des troupes protestantes put revenir un peu arrière pour prendre à revers les barricades qui bloquaient toujours la rue bordant l'évêché à l'est, juste au nord de la cathédrale. Lorsque le soir

Arquebusier (début XVIIe siècle)

tomba sur la journée du 30 mai, les Huguenots étaient maîtres d'un large périmètre au cœur de la vieille ville.

Les récits de l'époque ne rapportent rien des événements de la nuit suivante, mais il est visible que les Protestants renforcèrent leur avantage en poussant vers l'ouest depuis l'église Saint-Pierre : au matin du 31 mai, la porte Garrel était en effet entre leurs mains, ce qui fait que la ville était désormais coupée en deux. Suivant cela, les défenseurs avaient abandonné la moitié Sud et s'étaient concentrés dans la partie Nord, la haute, où les fortifications extérieures étaient solides ; barrant la cité sur une ligne courant du nord-est vers le sud-ouest (carte 2), ils tenaient fermement le collège Pélegry avec le château du roi d'un côté et le quartier de la Barre (à ne pas confondre avec le quartier bordant la rue de la Barre, tout au nord de la ville) de l'autre ; ces deux secteurs commandaient l'accès à la Grande Rue (aujourd'hui rue des Soubirous), artère dont la possession était indispensable au contrôle total du nord de la ville. Dès le matin, les Protestants prirent leur base d'assaut sur la place des Petits Mazels et attaquèrent à plusieurs reprises le collège Pélegry par la rue Pélegry, mais ils furent violemment repoussés à chaque fois.

Une ruelle du quartier de la Barre aujourd'hui

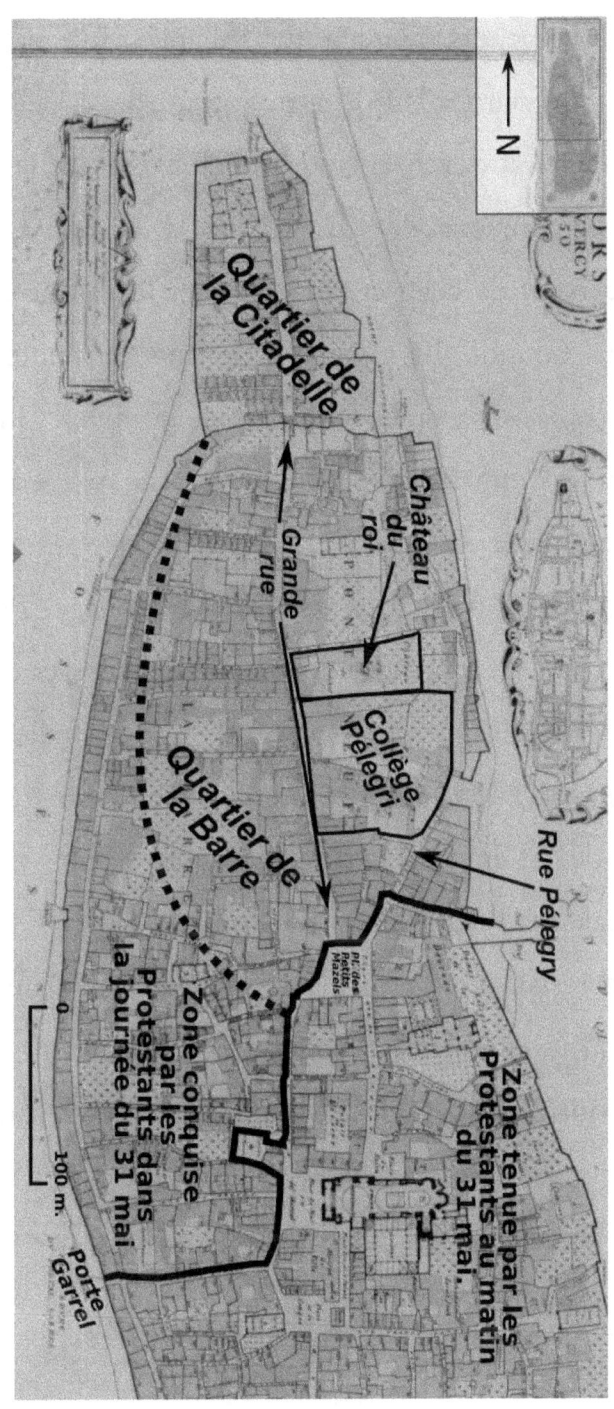

Carte 2 : les combats de la 2ᵉ journée

Un des chefs huguenots, Salignac, fut alors envoyé essayer de contourner la position. Sortant de la vieille ville par la porte Garrel, il devait ensuite franchir d'assaut les murailles extérieures au niveau du quartier de la Barre, se frayer un chemin au cœur de celui-ci puis attaquer le collège Pélegry du côté de la Grande Rue ; arrivé devant l'enceinte, Salignac s'aperçut que ses défenses étaient toujours intactes et solidement défendues, aussi préféra-t-il ne pas entreprendre une attaque vouée à l'échec. L'idée de progresser à travers le quartier de la Barre pour tourner le collège Pélegry fut cependant conservée : des troupes furent envoyées s'emparer du monastère des Chartreux, juste à l'est de la vieille ville, pour couvrir les opérations dans ce secteur, tandis qu'une autre fut chargée de s'emparer des murailles en progressant longitudinalement vers le nord depuis la porte Garrel. Si le monastère résista longtemps, les fortifications allant de cette porte jusqu'au quartier de la Citadelle tombèrent assez vite sous le contrôle des Protestants. Des assauts furent alors lancés dans le quartier de la Barre contre les barricades installées partout dans le lacis des ruelles ; les Cadurciens luttaient pied à pied et toute progression rapide s'avéra vite impossible : certaines barricades étaient prises puis reprises et, sitôt qu'une était définitivement aux mains des Huguenots, une autre était déjà édifiée par les Catholiques juste derrière. Les coups de feu partaient de tous les côtés, des étages, des toits, des soupiraux et chaque maison devait être conquise de haute lutte.

Une ruelle du quartier de la Barre aujourd'hui

Face aux pertes engendrées par les combats et à la lenteur de la progression dans le quartier de la Barre, Henri de Navarre décida de reporter tout son effort sur le collège Pélegry, en l'attaquant à la fois par la Grande Rue et par la rue Pélegry. La première était cependant fermée par de solides barricades, aussi fit-il amener sur la place des Petits Mazels les canons qu'il avait pris la veille à ses adversaires. Prenant la Grande Rue en enfilade, leur feu fit son effet et plusieurs barricades furent prises, mais lorsque la plus forte, qui commandait la défense de la rue, tomba, les Cadurciens comprirent que leur situation était compromise ; ils réalisèrent alors une violente sortie pour la rétablir et la fureur de leur assaut leur permit de repousser les assaillants jusqu'à leurs positions de départ, sur la place. Le coup fut rude pour les Protestants qui, après deux jours d'efforts intenses, avaient pensé enfin emporter la décision.

Place des Petits Mazels : à gauche, le débouché de la Grande Rue, à droite celui de la rue Pélegry.

La nuit tomba. Les deux camps attendaient des renforts mais ceux des Catholiques furent les premiers à apparaître en vue de la ville ; aussitôt, on réveilla Henri de Navarre, qui convoqua immédiatement un conseil de guerre devant lequel il exposa sa vision de la situation : où l'on enfonçait les défenses ennemies avant que les troupes de secours n'aient réussi à pénétrer les quartiers Nord, où la partie était perdue. Suivant cela, il fit de suite préparer une nouvelle attaque sur deux côtés, une partie des hommes devant monter à l'assaut contre le collège, l'autre devant se frayer un passage dans le quartier de la Barre. Au signal, les hommes s'élancèrent vers les positions ennemies mais, une fois de plus, les Catholiques résistèrent pied à pied et les stoppèrent.

C'était l'échec de trop. Les Huguenots étaient épuisés par deux jours et trois nuits de combats ; ils n'avaient pas quitté leurs cuirasses et, entre deux arquebusades, ne s'étaient nourris que de quignons de pains hâtivement avalés : ils étaient prêts à lâcher. Certains capitaines allèrent alors trouver Henri de Navarre pour lui conseiller d'ordonner la retraite. Il refusa tout net et, bien au contraire, se lança dans une vigoureuse harangue pour remotiver ses hommes. Bien décidé à vaincre, il modifia un peu son dispositif pour obtenir un meilleur rendement de l'artillerie : les canons s'étant avérés inefficaces dans les combats de rue, il les fit transporter de l'autre côté du Lot, en face du collège Pélegry qu'ils commencèrent bientôt à bombarder copieusement. Dans le même temps, il ordonna aux troupes de se préparer à attaquer une nouvelle fois depuis la place des Petits Mazels en direction de la Grande Rue et de la rue Pélegry. L'assaut fut lancé dans les deux directions de manière combinée mais il fut une nouvelle fois vigoureusement repoussé.

Le collège Pélegry et le château du roi vus depuis les positions d'artillerie protestantes du 1er juin.

Heureusement pour le moral de ses hommes, le renfort attendu par Henri de Navarre arriva peu après, avec ses cent cavaliers et six cents arquebusiers ; bien qu'épuisés par la course de plus de 50 kilomètres qu'ils venaient de parcourir pour rejoindre, on ne les laissa pas se reposer : cent-vingt d'entre eux furent envoyés contre les troupes de secours catholiques, qui essayaient de rentrer en ville par le nord, tandis que le reste alla renforcer les combattants sur la ligne de contact. Les troupes de secours furent repoussées mais aucun progrès ne fut réalisé en ville. Le soir arriva sans que la situation n'ait réellement changé.

C'en était plus qu'assez pour Henri de Navarre. Jouant le tout pour le tout, il fit intensifier au maximum le feu de l'artillerie et lança une nouvelle attaque avec toutes les forces possibles, c'est-à-dire, semble-t-il, en dégarnissant certains secteurs pour renforcer ses éléments d'assaut. Du côté de la rue Pélegry, l'un d'entre eux réussit alors à s'approcher d'une porte et à y mettre le feu. L'intense fumée chassa les défenseurs épuisés d'une fenêtre voisine ; aussitôt, les assaillants s'en aperçurent et amenèrent une échelle pour s'engouffrer dans l'issue providentielle. Ce fut le début de la fin : repoussés dans les bâtiments du collège dans un furieux corps à corps, les Catholiques abandonnèrent la position en rejoignant la Grande Rue, dans laquelle ils sautèrent en passant par les fenêtres ; ils rejoignirent alors les quatorze barricades qui fermaient encore l'artère tant face à la place des Petits Mazels qu'au quartier de la Barre. Henri de Navarre ne leur laissa pas de répit : désormais maître d'un large accès à la Grande Rue, il pouvait prendre à revers la plupart de ces obstacles, aussi y lança-t-il ses troupes dans la foulée. Le combat fut néanmoins, une fois de plus, acharné et sanglant, mais les Huguenots finirent par s'emparer de la plus forte barricade de la rue ; ce fut le signal de la débandade pour les Cadurciens, qui refluèrent en désordre vers le nord de la ville pour tenter de rejoindre les troupes de secours qui tentaient encore de passer. Peine perdue, les Protestants furent les plus rapides : les défenseurs ne purent que mettre bas les armes tandis que les secours se retirèrent. La ville était prise.

Une entrée du collège Pélegry, côté rue Pélegry

Analyse tactique de l'événement.

La préparation des opérations et leur déroulé montrent que ni les assaillants, ni les défenseurs n'avaient prévu de se battre à l'intérieur de la ville. Les tactiques choisies et l'utilisation de l'armement furent donc établies de manière empirique au fur et à mesure des événements.

Sur le plan de la défense, les Cadurciens s'aperçurent, dès l'engagement face à la première barricade, que tenir les étages des maisons bordant la rue qui y menait et les utiliser pour jeter des projectiles divers sur les assaillants pouvait s'avérer particulièrement efficace ; en effet, en interdisant ainsi l'axe d'accès à la barricade, les occupants de ces positions contribuèrent sans nul doute au succès de la première contre-attaque qui ramena les Protestants sur le pont.

Les combats qui suivirent la prise de la seconde barricade et de la place des Petits Mazels leur montrèrent quant à eux qu'il était difficile, sinon impossible, de défendre des pâtés de maisons dont on ne contrôlait plus les rues périphériques sur plusieurs côtés. Le quartier de la Daurade fut ainsi attaqué sur trois faces, ce qui désorganisa totalement sa défense : il n'y eut rapidement plus de ligne de combat et les Cadurciens furent même pris à partie dans leurs dos, ce qui les obligea à retraiter vers la cathédrale. De la même façon, en s'emparant de l'église Saint-Pierre, les Protestants enfoncèrent comme un coin dans la ligne de résistance catholique ; celui-ci, après leur avoir permit de prendre le consulat et les deux places qui le jouxtaient, fut déterminant pour réaliser la prise à revers des positions cadurciennes qui tenaient encore au nord immédiat de la cathédrale.

Photo prise depuis l'emplacement du consulat. A droite, la cathédrale, en face, l'évêché. Le bâtiment blanc à gauche est construit sur l'emplacement de l'église Saint-Pierre.

Les sanglantes leçons de la première journée de combat furent prises en compte par les défenseurs : il était impératif de maintenir une ligne de défense continue et, désormais, chaque rue serait défendue par une succession de barricades appuyées depuis les étages des maisons, qui devaient toutes être occupées ; si une barricade ou un bâtiment la jouxtant était sur le point d'être pris, il fallait remonter une nouvelle barricade juste derrière, là où la ligne était encore intacte. D'autre part, au-delà des enseignements de la journée précédente, la ligne de défense continue était le principe même sur lequel les enceintes fortifiées étaient construite, il était donc naturel dans la pensée tactique de l'époque.

Arquebusier (vers 1585)

La mise en œuvre des leçons porta ses fruits dès la journée du 31 mai : les Huguenots ne purent avancer du côté du collège Pélegry, tandis que les maigres succès obtenus dans le quartier de la Barre furent payés au prix fort. Derrière chaque barricade prise une nouvelle était édifiée, chaque maison était ardemment défendue, des contre-attaques locales étaient menées face à chaque avancée protestante pour reprendre le terrain perdu. On note cependant que les assaillants purent s'emparer des murailles de l'enceinte entre la porte Garrel et la Citadelle : ces ouvrages n'étaient prévus que pour faire face à l'extérieur de la ville, aussi leur attaque longitudinale, par l'intérieur et de côté, fut sans doute relativement aisée.

Les défenseurs disposaient de quelques canons qui furent disposés sur la barricade fermant la place des Petits Mazels et au niveau du consulat. Ils n'empêchèrent la prise ni de l'un, ni de l'autre, et tombèrent entre les mains des Protestants ; leur utilité fut ainsi négligeable. Les textes témoignent en revanche de nombreuses arquebusades et notamment de tirs depuis les maisons. Contrairement aux armes d'infanterie reines des siècles précédents, arcs et arbalètes, les arquebuses pouvaient facilement être utilisées dans les encoignures de portes ou de fenêtres, à l'angle des rues, depuis les soupiraux, en tir plongeant depuis les toits, et de plus les tireurs emportaient de grandes quantités de munitions avec eux. Dans le lacis des ruelles étroites du vieux Cahors, de telles armes employées intelligemment pouvaient faire des merveilles pour maintenir l'ennemi à distance et lui interdire des portions de rues entières ; elles étaient combinées aux armes blanches, hallebardes, épées, couteaux, utilisés pour la défense immédiate des barricades et des maisons. De la même façon, durant les contre-attaques, elles furent sans doute utilisées en appui des combattants chargeant l'ennemi au corps à corps. Si l'on en juge par la façon dont les défenses cadurciennes résistèrent jusqu'au dernier moment, une telle façon d'organiser la défense et d'utiliser les armes dans un combat exclusivement urbain semblait pertinente.

L'affaire fut autre pour les assaillants. Dès l'engagement de la première barricade, il leur apparut clairement qu'il était extrêmement difficile de prendre d'assaut un tel obstacle si l'on n'occupait pas auparavant les étages des bâtiments bordant la rue qui y menait ; en effet, la barricade au fond et les édifices sur les côtés transformaient l'étroite artère en une sorte de nasse en U dans laquelle chaque soldat qui s'engageait était pris à partie de tous les côtés, y compris dans le dos. Dans de telles conditions, sécuriser la progression impliquait de prendre, une par une, chaque maison en y pénétrant de force par les issues habituelles, par les toits ou même par des trous pratiqués en perçant les cloisons et les murs, jusqu'à ce que la ligne constituée par la barricade soit atteinte ; à partir de là, celle-ci pouvait être attaquée avec quelques chances de succès. Cette façon de procéder fut en particulier utilisée à partir du 31 mai face aux retranchements du quartier de la Barre et des accès du collège Pélegry, mais il apparut vite que ce genre de combat, où chaque bâtiment devenait un fortin à prendre, était extrêmement chronophage, gourmant en effectifs et coûteux en combattants.

Ruelle du quartier de la Barre menant vers la rue Grande.

La première journée de combat avait apporté d'autres enseignements, avec en particulier la nécessité de lancer des pointes avancées dans le dispositif ennemi pour en briser la ligne. La prise de la place des Petits Mazels avait ainsi rendu caduque la défense du quartier de la Daurade, isolé à l'arrière des rues qui l'encadraient et étaient tombées aux mains des Protestants ; celle de l'église Saint-Pierre, suivi de celle du consulat, avaient de la même façon permis de tourner les défenses au nord de la cathédrale. C'est ce qu'Henri de Navarre essaya à nouveau de faire à partir du 31 mai, en particulier du côté du collège Pélegry ; s'en emparer aurait notamment put lui servir à prendre à revers les barricades du quartier de la Barre tout en lui donnant une bonne base d'assaut pour attaquer celles qui fermaient la Grande Rue plus au nord.

La bataille de Cahors

Les Huguenots n'avaient pas emmené de pièces d'artillerie avec eux mais ils purent, dès le 31 mai, utiliser les quatre ou cinq canons qu'ils avaient pris la veille à leurs adversaires. Ils s'en servirent dans un premier temps pour appuyer une attaque des barricades de la Grande Rue ; si leurs boulets concoururent sans doute alors au succès de l'opération en permettant une profonde avancée, ils ne purent rien, juste après, pour enrayer la contre-attaque qui ramena les troupes d'assaut sur leurs positions de départ ; de plus, ils furent sans doute alors en grand danger de retomber aux mains de leurs propriétaires originels. D'autre part, difficiles à manœuvrer dans le lacis des ruelles, sur un terrain présentant des pentes assez marquées (il y a 20 mètres de différence d'altitude entre la place des Petits Mazels et le haut de la Grande Rue) ; 10 entre le pont Neuf et la porte Garrel), impossibles à pointer rapidement sur tous les angles nécessaires, les canons ne pouvaient, de plus, quasiment jamais être mis hors de portée des arquebuses cadurciennes en raison de la trame urbaine : leur puissance de feu n'apportant pas de véritable plus-value, les engager ainsi dans le combat apportait plus de problèmes que de solutions. Henri de Navarre trouva néanmoins, à partir du 1er juin, à utiliser leur allonge et leur puissance de feu de manière efficace en les positionnant sur la rive du Lot opposée au collège Pélegry, qu'ils purent bombarder à l'abri des coups d'arquebuses et sans risquer d'être pris.

Les Protestants disposaient aussi d'arquebuses en grand nombre. Les premiers combats contre la barricade fermant la rue du Pont Vieux montrèrent qu'elles ne se prêtaient pas du tout à un emploi à découvert au milieu des rues, d'où les coups pouvaient venir de partout. En revanche, sûr de ses côtés et de ses arrières, un tireur pouvait facilement, comme ses alter ego catholiques, utiliser son arme depuis une encoignure de porte ou de fenêtre, à l'angle d'une ruelle, par un soupirail ou en tir plongeant depuis un toit. Comme le montre l'exemple de la prise de la deuxième barricade, qui fermait l'accès à la place des Petits Mazels, elles pouvaient servir à, d'une part, essayer de réduire le potentiel ennemi pour préparer un assaut et, d'autre part, appuyer celui-ci lorsqu'il était lancé. C'est de cette façon que les arquebusiers furent utilisés pour le reste des opérations, en particulier durant les journées du 31 mai et du 1er juin, en préparant et en appuyant les attaques menées à la hallebarde, à la pertuisane et à l'épée.

La tactique et l'utilisation de l'armement mises en œuvre par les Huguenots étaient à priori logiques et adaptées à la situation, mais elles impliquaient des effectifs dont ils ne disposaient pas pour à la fois tenir la ligne de feu et progresser avec efficacité de maison en maison dans les secteurs où ils tentaient d'avancer. Les mémoires de Sully rapportent ce problème lié au nombre insuffisant de soldats : il devint probablement criant après les pertes des deux premiers jours de combat et l'augmentation de la densité des combattants ennemis suite au resserrement du périmètre qu'ils tenaient. C'est ainsi que si les premières attaques du 31 mai se firent à la fois contre le quartier de la Barre et le collège Pélegry, elles ne se firent ensuite plus que contre ce dernier, sur deux axes au début, pour n'en conserver ensuite qu'un seul le 1er juin lors de l'assaut victorieux.

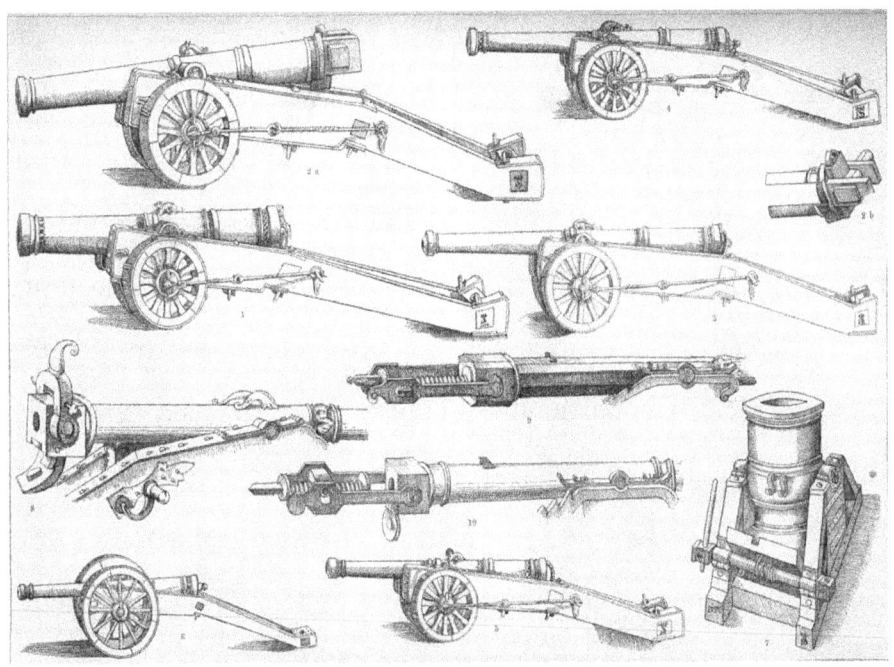

Types de canons du XVIe siècle

Au-delà de l'événement historique lui-même, la bataille de Cahors montre comment se menait le combat urbain à la fin du XVIe siècle. En fait, se battre à l'intérieur d'une ville n'entrait dans les plans ni des assaillants, ni des défenseurs ; il semble que, de ce point de vue là, on en était encore aux schémas datant de la fin de l'époque médiévale où, lorsqu'une enceinte urbaine était franchie, on pouvait considérer l'agglomération qu'elle protégeait comme prise. Pourtant, la généralisation des armes à feu portatives avait depuis considérablement changé la donne : il était désormais possible de poursuivre la défense en formant une ligne de combat continue constituée des bâtiments civils et de barricades de fortune fermant les rues, d'où les arquebuses pouvaient tirer beaucoup, de partout, dans toutes les directions pour neutraliser les éléments ennemis et leur interdire l'approche des positions défendues à l'arme blanche ; si la ligne de résistance était percée, elles pouvaient appuyer les contre-attaques menées à la hallebarde et à l'épée. En face, les assaillants disposaient des mêmes armes mais leur utilisation était sensiblement différente : elle était essentiellement orientée vers l'appui des attaques continuelles qu'ils étaient obligés de mener pour s'emparer de chaque maison, chaque barricade, chaque ruelle, suivant en cela la tactique indispensable pour arriver à progresser dans le dispositif ennemi en y formant une ou plusieurs brèches. Cette tactique impliquait cependant des effectifs conséquents pour obtenir un rapport de force favorable que les Protestants ne possédaient pas à Cahors, malgré les renforts reçus ; c'est ce qui explique leur stagnation durant les journées du 31 mai et du 1er juin. Leur victoire finale est ainsi plus à mettre sur le coup de la chance qu'autre chose : si une fenêtre du collège n'avait pas été dégarnie de défenseurs par mégarde, ils n'auraient sans doute jamais pris la ville.

Enfin, dernière remarque, la population inerme, avec femmes, enfants et vieillards, ne put quitter la ville et resta prisonnière des combats, se terrant dans les caves, ravitaillant parfois les combattants de l'un ou l'autre camp. Au final, à travers l'exemple de cette bataille de Cahors, le combat urbain tel que pratiqué au XVIe siècle apparaît, nonobstant les spécificités liées à la technologie militaire de l'époque, comme très proche de ce qu'il est devenu aujourd'hui.

La Garde Nationale du Lot au combat (1870-1871)

La guerre de 1870-1871 ne toucha pas directement le territoire quercinois. Toutefois, plusieurs milliers de ses habitants y participèrent et beaucoup le firent ensemble au sein du 70ᵉ Régiment de la Garde Nationale Mobile : c'est pourquoi il nous a semblé intéressant de les évoquer dans cet ouvrage consacré aux faits de guerre survenus en Quercy.

Gardes mobiles au début de la campagne de 1870-1871

Dans le contexte d'un possible conflit avec la Prusse, la loi Niel de 1868 réorganisa la Garde Nationale en créant la Garde Nationale Mobile, destinée à renforcer l'Armée pour la défense des frontières. Elle regroupait tous les jeunes gens qui, ayant échappé au service militaire de 7 ans dans l'Armée lors du tirage au sort, devaient 5 ans de service dans ses rangs : sur le papier, cela faisait environ 600 000 hommes. Cette Garde était organisée par département ou par commune et c'est leurs administrations civiles qui fournissaient l'équipement, suivant leurs ressources et leur bon vouloir. Les officiers et sous-officiers étaient choisis parmi la notabilité locale et les anciens militaires éventuellement disponibles. En temps de paix, le « service » des gardes nationaux était théoriquement constitué de 15 exercices annuels de 24 heures chacun, mais ce programme, pourtant extrêmement léger, ne fut jamais appliqué.

Garde mobile (1870-1871)

La guerre contre la Prusse éclata le 19 juillet 1870. Rapidement, l'Armée Française mal préparée, commandée et équipée, commença à subir défaite sur défaite. Le 2 septembre, après la défaite de Sedan, la messe était dite : l'empereur

Napoléon III et une grande partie des régiments d'active étaient prisonniers ; les Allemands marchaient sur Paris... Le 4 septembre, un soulèvement populaire parisien amena la proclamation de la République et un gouvernement provisoire, dit « de la Défense Nationale » prit les rênes du pays. Pour continuer à lutter contre l'envahisseur, il mobilisa la masse de la Garde Nationale Mobile : bien que constituant une fiction opérationnelle, elle représentait désormais la quasi-totalité des forces militaires du pays.

Les gardes nationaux du Lot furent convoqués à Cahors les 8 et 9 septembre. Comme on aurait pu le prévoir, ce fut une pagaille sans nom : les compagnies furent constituées par canton sans égard aux effectifs, les hommes de troupe ne touchèrent pas d'uniformes et, logés chez l'habitant, beaucoup en profitèrent pour vaquer à leur convenance. Les deux tiers des officiers ainsi que tous les sous-officiers n'avaient strictement aucune instruction militaire. Enfin, les fusils distribués étaient d'une autre époque, mais comme, de toute façon, les hommes ne savaient pas s'en servir... Pour porter cette organisation ubuesque à son comble, le gouvernement ordonna que les tous les officiers seraient désormais – fort démocratiquement – élus par leurs hommes !

Le 24 septembre, les mobiles du Lot quittèrent Cahors en train pour rejoindre Orléans et le théâtre des opérations ; là, ils formèrent le 70ᵉ Régiment de Mobiles, incorporé à la 2ᵉ Armée de la Loire. Manquant de tout, leur désordre s'accorda à celui de la situation générale, avançant ici ou retraitant là, mais sans pouvoir améliorer leur instruction : le 11 octobre, la plupart des hommes ne savaient toujours pas charger leur fusil ! Heureusement, le chef de corps, le lieutenant-colonel Esportelle, ancien officier d'active, se démena et profita d'une quinzaine de jours peu agités pour instruire le régiment aussi bien qu'il était possible. Enfin équipés d'uniformes, mais de très mauvaise qualité, et des nouveaux fusils Chassepot le 5 novembre, les 3600 hommes du 70ᵉ purent monter en ligne ; beaucoup cependant ne résistèrent pas aux fatigues des marches forcées et furent capturés avant que le régiment ne subisse son baptême du feu. De plus, pour ne rien arranger, le lieutenant-colonel Esportelle fut relevé de son commandement et renvoyé dans ses foyers, officiellement pour raison de santé, officieusement pour désaccord avec ses supérieurs. Il fut remplacé par un des chefs de bataillon du régiment, le commandant Fouilhade, qui n'avait strictement aucune expérience militaire. La situation dramatique des opérations, mais surtout le désordre et le climat détestable - entretenus par le ministre de la Guerre Léon Gambetta et son délégué Charles de Freycinet - qui régnaient alors dans le commandement de l'Armée sont sans doute à l'origine de cette décision ubuesque.

Le fusil Chassepot modèle 1866 et sa baïonnette

Le 8 décembre, les Quercinois chargèrent enfin Prussiens et Bavarois lors de la bataille de Villorceau ; malgré un succès initial, un retour offensif de l'ennemi les força à se replier en désordre ; ils perdirent 250 camarades dans l'affaire. Parmi les blessés figurait l'abbé Filsac, futur curé de Peyrilles et aumônier du régiment. Le lendemain cependant, ils se distinguèrent en tenant vaillamment le village d'Ourcelles face aux assauts ennemis.

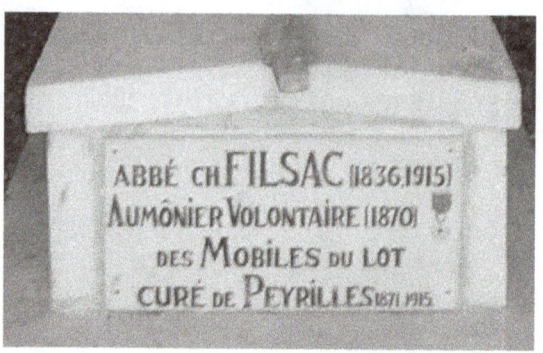

Tombe de l'abbé Filsac à Peyrilles (46)

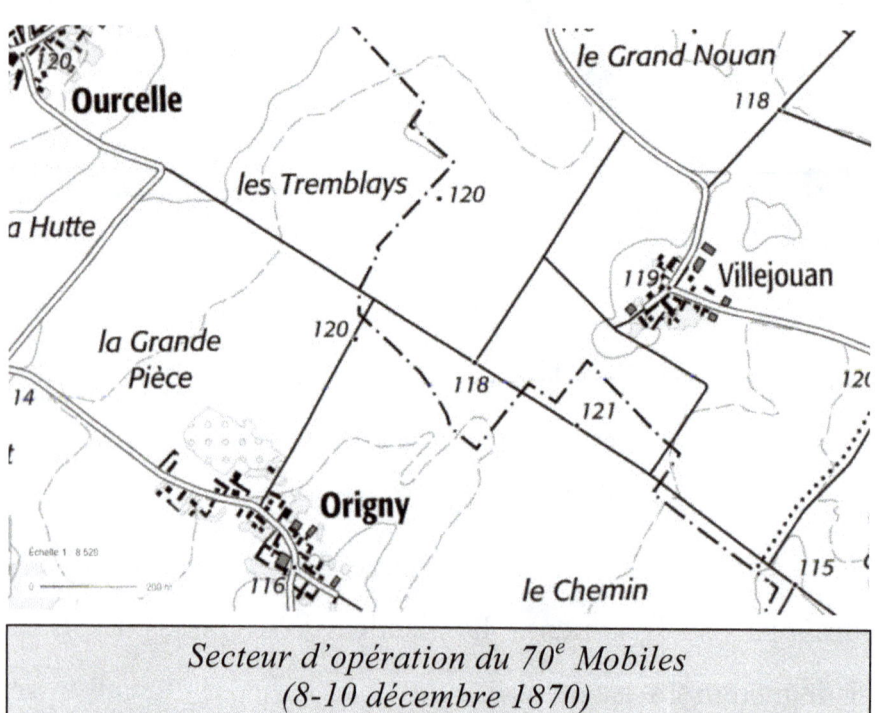

*Secteur d'opération du 70ᵉ Mobiles
(8-10 décembre 1870)*

Le 10, le régiment reçut l'ordre de s'emparer du village d'Origny, voisin d'Ourcelles ; il remplit sa mission dans une courageuse charge à la baïonnette et fit 200 prisonniers. Ce succès enivra le chef de corps, le commandant Fouilhade, homme courageux sans doute mais totalement inapte à commander une unité au feu : il lança immédiatement ses troupes sans appui, sans ordres ni coordination avec les unités voisines, à l'assaut du village de Villejouan où les Prussiens s'étaient repliés. Le terrain étant un vrai billard, les Allemands solidement retranchés et nullement gênés par l'artillerie française, qui ne donnait pas faute d'être avertie de l'attaque, tirèrent les Quercinois comme à la foire. Heureusement, après un long moment, l'état-major français s'en aperçut et ordonna aux artilleurs de les soutenir avec leurs canons. Villejouan finit par tomber, mais le commandant Fouilhade avait payé de sa vie sa fougue tout autant que son amateurisme, entraînant dans une mort inutile plusieurs centaines de ses compatriotes, dont les corps jonchaient le champ de bataille figé par le gel.

Les quelques succès locaux obtenus par les Français n'empêchèrent pas les Allemands d'accentuer leur pression ; l'incursion permanente du politique dans la conduite des opérations empêchait en effet toute véritable action d'ensemble cohérente : la 2e Armée fut contrainte à se replier, dans un froid glacial, sous la neige et la pluie, par des chemins transformés en bourbiers. Les Quercinois étaient en haillons, certains sans chaussures, d'autres en sabots ; ils marchaient le ventre vide et bivouaquaient à la diable. Arrivé au Mans, leur régiment avait perdu un tiers de ses effectifs. Le 27 décembre, ils montrèrent malgré tout un allant remarquable en reprenant Montoire à l'ennemi et en lui faisant plus de 200 prisonniers. Les jours suivant, ils participèrent à l'attaque de Vendôme et se battirent durement jusque dans la nuit du 31 où, face à la supériorité numérique de l'adversaire, le commandement français ordonna la retraite. Les Prussiens les talonnèrent mais ils furent arrêtés sur les positions de repli. Le régiment participa ensuite a plusieurs reconnaissances et s'acquitta fort honorablement de ses missions, recevant pour cela les félicitations de son général.

Les Allemands poussèrent ensuite leur avantage et le 70e participa à de nombreux et difficiles combats défensifs sans démériter mais, comme toute l'Armée, il fut contraint à la retraite par la supériorité stratégique, tactique et matérielle de l'adversaire. Pratiquement dépourvus de munitions, toujours habillés de loques et désorganisés, les Quercinois furent chargés de protéger le repli de la 3e division ; dans cette tâche, ils firent preuve d'une belle tenue au feu lors des importants combats qui jalonnèrent leur chemin. Ils n'échappèrent cependant à l'encerclement que de justesse.

Le commandant Fouilhade mortellement blessé durant l'assaut de Villejouan, sculpture allégorique sur le monument aux morts de la guerre de 1870-1871 de Cahors.

Sans avoir le temps de se reposer, ils furent envoyés, le 10 janvier, défendre Parigné-l'Evêque. Epuisés, affamés et transis de froid depuis des jours, manquant de cartouches, subissant un effroyable bombardement d'artillerie, ils commencèrent à quitter leurs positions en désordre et à se débander. Toutefois, tous ne détalèrent pas et certains eurent un sursaut d'orgueil, à l'exemple du lieutenant Linol : regroupant une dizaine d'hommes autour de lui, il les lança contre les Prussiens au cri de « à la baïonnette » ; tous furent tués ou gravement blessés. Linol, sévèrement touché, voulu sortir son révolver mais fut achevé à coups de crosse avant de pouvoir s'en servir. Ces quelques actes héroïques isolés sauvèrent l'honneur mais n'empêchèrent pas la ville d'être prise par l'ennemi.

Les débris du régiment, 417 hommes au total, furent regroupés à Pontlieue. Bien que réduits à l'état de clochards, ils furent pourtant immédiatement renvoyés au combat ; cette décision les porta au bord de la révolte, mais il fallait à tout prix essayer de défendre le Mans, menacé par l'offensive ennemie. En fait, la situation était sans espoir, les Allemands arrivaient de tous les côtés. Le ventre vide depuis plusieurs jours, les Quercinois commencèrent à déserter en nombre et il ne restait plus que 200 hommes en ligne lorsque l'ordre de repli arriva. La fragile digue constituée par la 2e Armée avait cédé et plus rien, désormais, ne pouvait arrêter le flot allemand. Après une dernière escarmouche, ce qui restait du 70e se mêla à l'immense troupeau vaincu de l'armée en déroute. La débâcle s'arrêta à Andouillé, où le régiment put récupérer quelques isolés, portant ses effectifs à 500 hommes. L'armistice du 28 janvier le surprit à Laval. Fin mars, la paix signée, il fut licencié et les mobiles lotois purent enfin regagner leurs foyers.

Les 900 morts du 70ᵉ témoignaient de la vaillance déployée par les fils du Quercy durant ce conflit, mais la vaillance seule n'avait pu leur éviter la débandade sanglante à laquelle ils étaient promis. Celle-ci était due en premier lieu à l'idée qu'une garde nationale nombreuse, même mal équipée et constituée d'amateurs recouverts d'un très fin vernis militaire, pourrait faire face avec succès à une armée allemande bien équipée, supérieurement organisée et déterminée à vaincre.

Cahors : monument commémoratif de la guerre de 1870-1871

La Garde Nationale du Lot au combat

Les Lotois dans l'enfer de Verdun
(1916)

Tout comme la guerre de 1870-1871, celle de 1914-1918 ne toucha pas directement le Quercy. Toutefois, bien plus que sa devancière, elle impliqua des milliers de jeunes hommes de la province dont 6000 ne revinrent pas. Appartenant aux régiments levés dans le pays ou à d'autres unités, ils furent très nombreux à combattre ensemble sur le front de Verdun, où beaucoup d'entre eux laissèrent leurs peaux. Le sang qu'ils répandirent alors en abondance dans les tranchées et les trous d'obus du champ de bataille meusien fait que celui-ci peut être aujourd'hui considéré comme un bout de terre quercinoise.

En ce petit matin du 21 février 1916, les paysans étaient comme d'habitude sortis rapidement de leurs maisons pour rejoindre, dans le froid hivernal, leurs étables où les bêtes attendaient pour la traite. Beaucoup avaient un fils, un frère ou un père sur le front et, tout en remuant la paille des litières, leurs pensées volaient au loin, là où ces êtres chers se battaient depuis des mois. Depuis un an et demi, les jeunes mouraient dans le Nord et dans l'Est et des milliers de douloureux avis de décès étaient déjà arrivés dans le Lot. En entendant les églises sonner la demie de 7 heures, qui pouvait pourtant penser qu'un déluge inédit d'obus s'abattait sur les Hauts-de-Meuse depuis 15 minutes ? Quelques heures plus tard, en vaquant à leurs occupations habituelles, en discutant de problèmes quotidiens, comme les élus de Pontcirq réunis au conseil municipal ce jour-là, nul ne pouvait imaginer l'apocalypse du front de Verdun, sur lequel le fer et le feu n'avaient toujours pas cessé de tomber. Le lieutenant Jean Andrieu (32 ans, Labastide-Murat) fut parmi les premiers Lotois à être pulvérisé : posté avec ses hommes du 362ᵉ Régiment d'Infanterie (RI) au village d'Haumont, il y disparut corps et âme en recevant le premier choc de l'infanterie allemande, après plus de neuf heures de bombardement.

Le village d'Haumont ruiné par les bombardements.

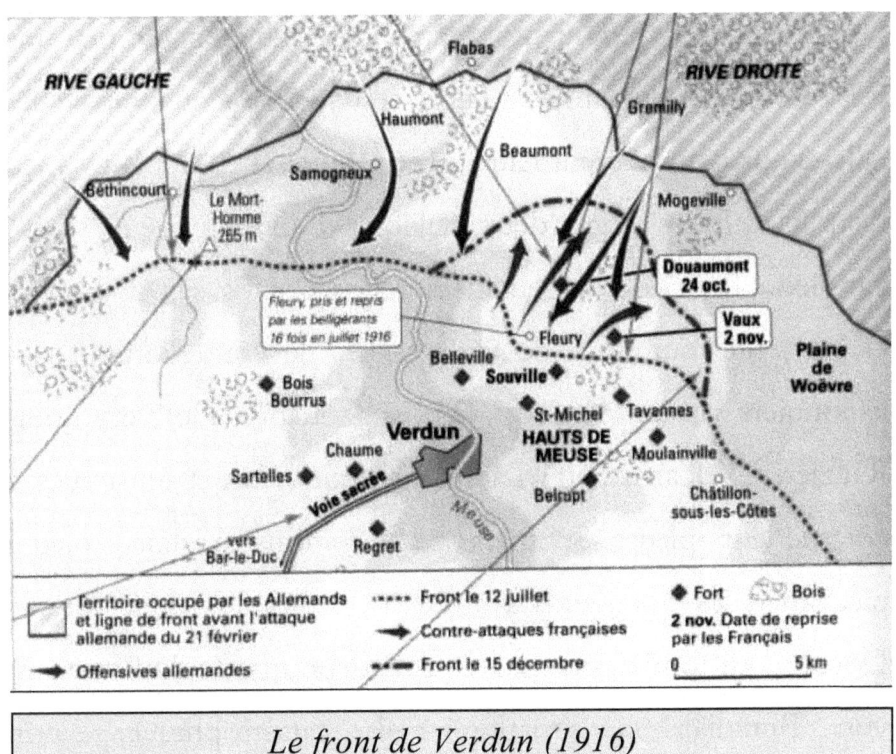

Le front de Verdun (1916)

Le général Von Falkenhayn avait décidé de frapper un grand coup à Verdun, secteur jusque là considéré comme calme. La puissance industrielle de l'Allemagne allait lui permettre de noyer par surprise les défenses françaises sous les obus de milliers de canons ; après une telle préparation d'artillerie, ses fantassins n'auraient plus qu'à avancer l'arme à la bretelle pour s'emparer de positions françaises totalement désorganisées, ruinées et défendues par des cadavres. Les désillusions arrivèrent cependant dès le début de la bataille : comme le lieutenant Andrieu, les Français se firent tuer sur place mais ne lâchèrent pas, même s'ils reculèrent un peu une fois leurs unités anéanties. Malgré cette déconvenue initiale, les Allemands continuèrent leurs efforts, leurs 1400 bouches à feu de tous calibres tirant deux millions d'obus en deux jours ; l'artillerie française, largement surclassée avec ses 270 vieux canons, fut soumise à de violents tirs de contrebatterie ; les canonniers Louis Ausset (23 ans, Laburgade) et Louis Rauzières (24 ans, Saint-Laurent-Lolmie), furent ainsi tués à côté de leurs pièces. Submergés, les Français résistaient pied à pied, mais les Allemands avançaient. Le 25 février, le fort de Douaumont tomba, pris par les Brandebourgeois du lieutenant von Brandis : la situation était catastrophique, sinon désespérée. Le jour même, le général Pétain prit le commandement du secteur et, dès le lendemain, lança des contre-attaques qui parvinrent à stopper l'avance ennemie ; le caporal Louis Pigerol (33 ans, Figeac) et le soldat Germain Lafage (22 ans, Gorses) laissèrent la vie durant ces actions du côté du village de Douaumont.

Bloqués sur la rive droite, les Allemands étendirent leur attaque à la rive gauche dès le 6 mars ; ils y firent tomber le même orage d'acier. Cette date marqua l'entrée en scène sur le front verdunois des régiments où les Lotois servaient en majorité. Le 211e RI, levé à Montauban, se fit hacher en défendant le village de Forges ; parmi ses morts se trouvaient notamment Emil Astorg (28 ans, Lamothe-Cassel), Germain Ourcival (36 ans, Escamps) et Marcelin Soubrié (37 ans, Castelnau-Montratier).

Ruines du village de Forges pendant la bataille

Durant les semaines qui suivirent, la guerre d'usure s'installa et les attaques succédèrent aux contre-attaques sans donner l'avantage à l'un ou l'autre des adversaires. Côté français, la Voie Sacrée, qui reliait Verdun à Bar-le-Duc, alimentait le champ de bataille en sang frais avec sa longue chenille continue de camions. Débarquant de leurs véhicules au « tourniquet », près de la gare, où arrivant à pied, les soldats se dirigeant vers le champ de bataille croisaient les rares survivants qui en descendaient ; ces hommes aux yeux fous, hirsutes, couverts de glaise et de sang leur criaient « n'allez pas là bas ! » en leur montrant la crête du front qui rougeoyait et bouillonnait en permanence comme un chaudron sous les éclatements de milliers d'obus. Résignés, ils avançaient, tenus par la force de la discipline et le sens du devoir : ils savaient que les survivants seraient rares et que des mutilations atroces les attendaient.

Avec le mois de mars, les conditions de l'horreur changèrent. Le froid qui empêchait les dizaines de milliers de cadavres de pourrir disparut totalement. Le champ de bataille se couvrit d'indicibles relents de chairs en putréfaction. Partout, des corps, des membres épars et d'innommables bouts de viande couverts de vermine servaient de nourriture aux rats. Lorsque l'on creusait des abris, on tombait souvent sur des charniers, mais on creusait quand même... Les pluies était encore abondantes et, se mélangeant à la glaise mille fois remuée et imbibée de sang, formaient d'immondes cloaques dans lesquels les hommes buvaient ou se noyaient, c'était selon.

Le 22 mai, enfin, le général Mangin lança une grande offensive pour reprendre le fort de Douaumont mais, une fois encore, l'artillerie française se fit surclasser et l'infanterie ne parvint pas à enfoncer les défenses du fort. Léon Calvet (39 ans) y laissa sa peau avec une grande partie de ses camarades du 129ᵉ RI, tout comme, le lendemain, Pierre-Simon Cammas (34 ans), du 49ᵉ ; tous deux étaient de Duravel.

Le fort de Douaumont couvert de cratères d'obus après plusieurs mois de combats.

Les Allemands repartirent à l'attaque le 1ᵉʳ juin sur la rive droite, avec le fort de Vaux en ligne de mire. Il fut écrasé sous les obus. Parmi ses héroïques défenseurs se trouvait Paul Bergougnoux (21 ans, Limogne) du 142ᵉ, qui se battait dans cet enfer depuis le 19 mai ; il se fit tuer le 3 juin. Les « papys » des régiments territoriaux payèrent aussi le tribut du sang : le sergent Jean Gineste (44 ans, Larnagol) du 131ᵉ Territorial, régiment de Cahors, se fit déchiqueter quatre jours plus tard par un obus tombé juste en arrière des premières lignes.

Intérieur du fort de Vaux pendant la bataille

Après des combats dantesques, les troupes du kaiser finirent par prendre le fort de Vaux et poursuivirent leur avancée. Face à leur axe d'effort, du côté du fort de Souville, de la chapelle Saint-Fine et du bois de Vaux-Chapitre se trouvait le 7e RI, levé à Cahors. Un long calvaire commença alors pour ses soldats : Léon Gandouly (33 ans, Vaillac) survécut ainsi 23 jours avant d'être pulvérisé, le 26 juin, suivit par le caporal Bernard Guingard (24 ans, Puy-l'Evêque), le soldat Jean-Pierre Sirieys (28 ans, Prudhomat) et de nombreux autres.

Zone de la chapelle Sainte-Fine après les combats

Le 11 juillet, l'armée allemande lança un nouveau coup de boutoir sur la rive droite. A côté du 7ᵉ se trouvait le 14ᵉ, de Toulouse, au sein duquel les Lotois étaient nombreux. L'artillerie ennemie déchaîna une nouvelle apocalypse sur les poilus, les attaques se succédèrent les unes aux autres et des monceaux de corps s'entassèrent dans les trous d'obus. Le combat redoubla d'intensité et le lieutenant Kléber Dupuy se réfugia avec ses hommes de la 3ᵉ compagnie du 7ᵉ dans le fort de Souville, dont il renforça la défense exsangue et prit le commandement. Cet officier originaire du Bordelais, instituteur dans le civil, connaissait bien les Lotois car il en avait déjà commandé lorsqu'il servait au 9ᵉ RI, levé à Agen. Toute la nuit, le fort fut martelé par les gros calibres puis, à 6 heures du matin, ce fut l'assaut : Dupuy et sa poignée d'hommes sortirent et combattirent au fusil et à la grenade avant de s'écharper avec les Allemands dans un violent corps à corps. La situation était tout aussi critique aux abords de l'ouvrage, mais on tenait. La journée du 12 vit ainsi tous les éléments de la guerre industrielle se déchaîner sur quelques centaines de mètres carrés ; les Allemands ne furent jamais aussi prêts de Verdun, mais ils ne passèrent pas. Kléber Dupuy garda Souville et le 7ᵉ RI resta ferme sur la ligne de Fleury-chapelle Sainte-Fine ; durant les jours suivants, quelques attaques permirent aux Français de dégager un peu le secteur. Cette résistance acharnée coûta cher et les lettres de l'administration militaire furent nombreuses à partir vers le Quercy informer les familles de la mort de leurs êtres chers : sergents Gaston Saint-Martin et Albert Barrietis (22 et 23 ans, de Cahors), caporaux Jean Pégourié (36 ans, saint-Jean-de-Laur) et Elie Poujade (22 ans, Latronquière), soldats Auguste Amalric (25 ans, Esclauzels), Jean Arliguié (33 ans, Gignac),

Daniel Gagnac (21 ans, Cahors), Albert Ferrié (35 ans, Thémines), Guillaume Pédamon (34 ans, Fontalba), Henri Pouzalgues (27 ans, Milhac), Joachim Salanié (35 ans, Marminiac), Léon Vayleux (31 ans, Cazillac), Vincent Vigneron (29 ans, le Vigan), Jean-Eloi Quèbre (20 ans, Grézels), ainsi que des dizaines d'autres Lotois du 7e et de toutes les autres unités engagées dans ce secteur.

Ruines du fort de Souville aujourd'hui

Désormais, l'effort allemand allait se ralentir pendant que les Français allaient préparer, durant plusieurs semaines, la grande offensive destinée à reprendre le terrain perdu. Cela ne signifie pas, bien au contraire, que la bataille passa sur un mode mineur. Les obus tombaient toujours, attaques et contre-attaques se succédaient. Fin juillet, de nombreux Lotois des 9ᵉ et 11ᵉ RI y restèrent ainsi du côté de Souville, comme par exemple le lieutenant Augustin Sourzac (29 ans, Cuzance), le clairon Albert Carretier (25 ans, Frayssinet-le-Gélat), ou les soldats Denis Guiral (35 ans, Bouziès), Paul Fournié (24 ans, Payrignac) et Baptiste Noel (25 ans, le Vigan). Début août, le 207ᵉ, régiment de réserve levé à Cahors, retourna au combat dans le secteur de Fleury-Souville, et ses hommes déchiquetés imbibèrent à nouveau la terre meusienne de leur sang : capitaine Vincent Dablanc (30 ans, St-Géry), caporaux Henri Goutal (32 ans, Labathude) et Camille Labastide (32 ans, Montredon), soldats Baptiste Lagrange (38 ans, Gorses), Adolphe Jammes (36 ans, Gorses), Albert Lugan (31 ans, Bagnac), Victor Monteil (31 ans, Milhac), et tant d'autres…

Si l'on suit les communiqués, il se passa peu de choses sur le front de Verdun courant septembre, si ce n'est quelques attaques de détail. Les hommes qui se battaient dans l'immense charnier ou se réfugiaient au tunnel de Tavannes en avaient une autre idée… Ouvrage ferroviaire qui servait à la fois de poste de commandement, d'infirmerie, d'abri, de dépôt de munitions et de matériel, ce tunnel était un étroit, long et sombre cloaque dans lequel 1000 à 2000 hommes couverts de vermine s'entassaient. Le 4, un incendie s'y déclara et, en quelques minutes, le transforma en un fourneau infernal qui consuma plus de 1000 victimes. Alfred Balès (35 ans, Vaylats) et Marcel Feydet (31 ans, Cahors) furent du nombre.

Entrée du tunnel de Tavannes pendant les combats

L'offensive décidée par le général Nivelle pour enfin reprendre le fort de Douaumont et dégager Verdun fut lancée le 23 octobre. Le 11ᵉ RI attaqua alors aux carrières d'Haudromont, non loin de Douaumont, et sema sur son chemin victorieux des centaines de corps grandis au soleil du Quercy, parmi lesquels ceux du caporal Jean Delmas (21 ans, St-Michel-de-Bannières), des soldats Cyprien Balbarie (25 ans,

Aynac), Victor Dol (36 ans, Maxou) et Jean Redon (24 ans, Cassagnes). L'offensive Nivelle fut un grand succès : le fort fut repris et les Allemands reculèrent partout. L'histoire officielle présente ainsi souvent le 24 octobre comme la fin de la bataille. En fait, on se battit à Verdun jusqu'en 1918 : parmi les nombreux morts de cette période, nous pouvons notamment évoquer Emile Fialbar (20 ans, Puy-l'Evêque), tombé à Douaumont le 9 décembre 1916, Léon Bach (20 ans, Concots), tué au bois des Caurrières le 8 septembre 1917 ou encore Gilbert Cabanes (33 ans, Prudhomat), fauché au bois des Caures le 9 octobre 1918, un mois avant l'armistice…

Les combats de Cajarc – Larnagol (10 avril 1944).

En mars 1944, après quatre ans d'occupation allemande et à l'approche du débarquement allié, les mouvements de résistance devenaient de plus en plus actifs dans le pays, en particulier dans le Lot. En corolaire, les luttes d'influence entre les maquis de différentes obédiences politiques commençaient à fortement se développer. Parmi eux, les FTPF (Francs-Tireurs et Partisans Français) étaient particulièrement actifs : ils suivaient les consignes du parti communiste les enjoignant à accentuer la lutte armée sans attendre ; il s'agissait d'augmenter l'insécurité des troupes d'occupation tout en donnant l'impression à la population que seuls les communistes se battaient réellement et efficacement. C'est dans ce cadre que Jacques Chapou, dit le capitaine Philippe, décida d'organiser une action d'éclat visant à montrer tant aux Allemands qu'à la population que les FTPF frappaient où ils voulaient et quand ils voulaient tout en restant insaisissables.

Avec 4 à 500 hommes, il prit ainsi possession du bourg de Cajarc, 1000 habitants, sur les bords du Lot, à l'aube du 10 avril 1944. Son but était multiple mais simple : faire une démonstration de force en s'emparant de la localité, mettre ses administrations sous contrôle, démoraliser sinon neutraliser par la peur les sympathisants vichystes, puis, couronnant le tout, tendre un piège à la garnison allemande de Cahors de façon à montrer son incapacité à lutter contre les maquis.

C'est ainsi qu'après avoir coupé les voies de communications et installé des éléments de couverture, Jacques Chapou et ses hommes occupèrent la gendarmerie, la poste, la mairie et la perception où ils s'emparèrent d'une forte somme d'argent. Par ailleurs, des tracts furent distribués à la population, tandis que trois traîtres responsables de la destruction d'un maquis par les Allemands furent immédiatement arrêtés ; jugés ensuite, ils furent fusillés dans l'après-midi.

Pendant que le gros des maquis prenait possession du bourg, une embuscade était montée sur la route de Cahors (actuelle D 662) à 8 km en amont, à proximité du village de Larnagol. Le but de Jacques Chapou était d'y attirer un élément de l'armée allemande pour le détruire, cette destruction devant entraîner une réaction des troupes de la garnison de Cahors pour reprendre possession de Cajarc et terrasser les maquis qui l'occupaient ; une fois au contact de celles-ci, ses troupes résisteraient suffisamment pour réduire le potentiel ennemi sans donner l'impression de fuir, puis s'exfiltreraient rapidement en discrétion pour bien montrer que les Allemands ne pouvaient pas les arrêter. Il s'agissait donc d'un plan en trois temps : le premier était constitué par l'embuscade d'un élément limité pour déclencher une réaction et la venue à Cajarc d'un important détachement ennemi ; le deuxième par une action de freinage contre ce dernier dans sa progression vers la ville ; le troisième, enfin, par la rupture de contact.

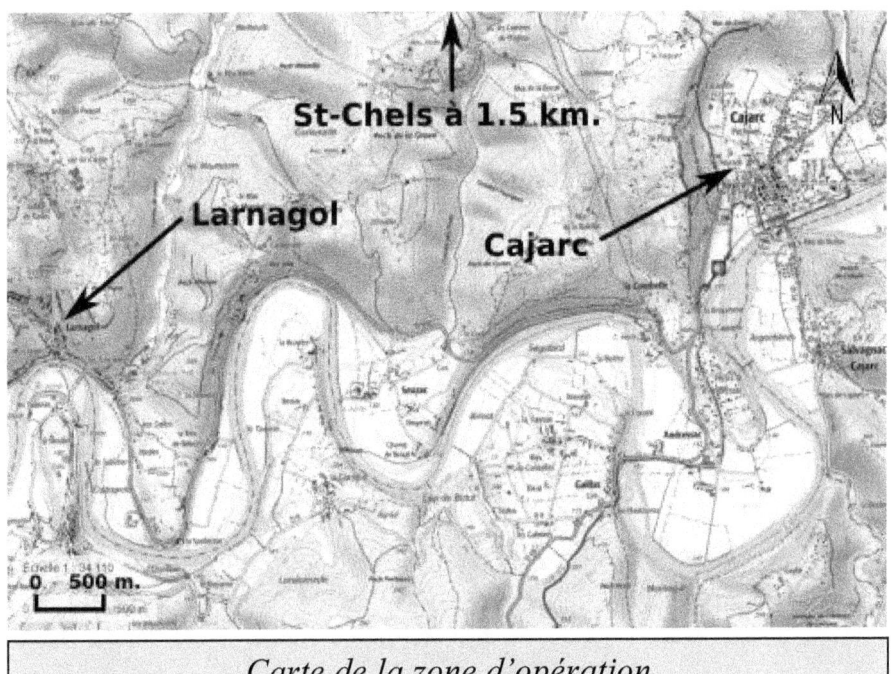

Carte de la zone d'opération

Chapou savait comment procédaient les Allemands pour mener des arrestations de personnes suspectées d'appartenir à la Résistance. Concentrées à Cahors, leurs troupes et agents de la Gestapo devaient couvrir de grandes distances pour aller d'un point à l'autre du département ; ils devaient le faire rapidement pour déjouer l'espionnage dont ils étaient l'objet tout en surprenant leurs proies. Lorsque celles-ci représentaient des menaces limitées, ils n'envoyaient généralement que des éléments légers, en voiture de tourisme et éventuellement en camion, pour mener les coups de filet. C'est un de ces éléments, facile à détruire, que Chapou souhaitait attirer dans l'embuscade.

Citroën Traction en service dans l'armée allemande

L'emplacement fut ainsi d'abord choisi car il était situé sur l'axe le plus direct et le rapide pour relier Cahors à Cajarc ;

certes, cette route présentait de nombreuses zones favorables aux embuscades mais ni plus, ni moins que les autres itinéraires possibles, mais moins pratiques, dans cette région aux reliefs souvent abrupts. Jacques Chapou choisit ainsi l'emplacement non car il était absolument sûr que l'ennemi arriverait par la D 662, mais parce que son analyse simple mais bien menée de l'ennemi, de ses modes d'action et de ses possibilités, lui indiquait qu'il s'agissait de l'hypothèse la plus probable.

Les dispositions prises pour l'embuscade étaient on ne peut plus classiques. Le groupe d'arrêt, avec une barricade et un fusil-mitrailleur, fut installé à 800 mètres de la sortie sud du village de Larnagol, au niveau du carrefour du chemin du cimetière, de manière à prendre la D 662 en enfilade là où elle passait la « tranchée », partie encaissée creusée dans le roc sur environ deux mètres de profondeur et 60 de long où toute manœuvre de dégagement en véhicule était impossible. Un second groupe de combat, avec un autre fusil mitrailleur, fut ensuite posté sur les ruines des Trincades de manière à pouvoir prendre à partie le convoi ennemi par l'arrière, tandis qu'un troisième groupe, disposant aussi d'un fusil mitrailleur, fut installé sur le pech Affamat de façon à lui interdire la route de Saint-Chels (actuelle D 143), qu'il pourrait éventuellement essayer d'utiliser pour s'exfiltrer lorsque le feu aurait débuté.

Enfin, quelques hommes furent postés au-dessus de la « tranchée » avec mission d'attaquer le convoi au fusil et à la grenade lorsqu'il aurait été arrêté et immobilisé devant eux par le feu du groupe posté à la barricade.

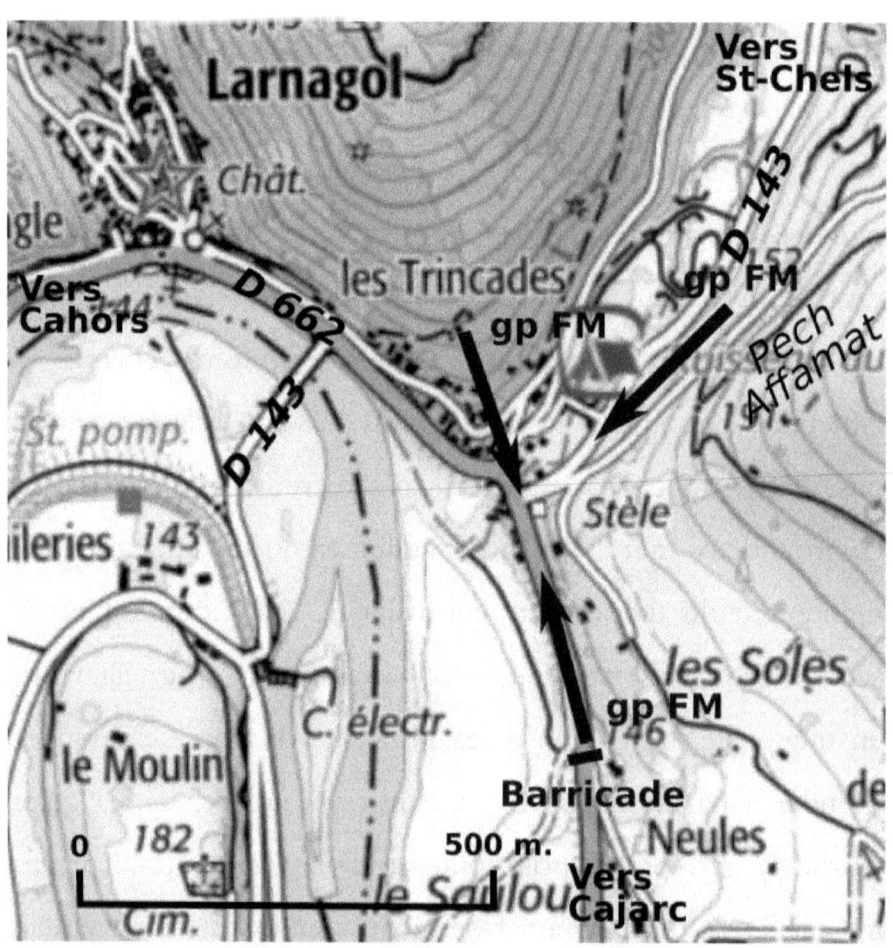

Carte de l'embuscade de Larnagol

Vue de la zone d'embuscade depuis l'emplacement de la barricade. Au fond, au débouché de la route, on distingue bien la zone de la tranchée où les autos arrivant de Cahors furent stoppées par le tir du fusil-mitrailleur posté sur la barricade.

Lorsque tout fut en place, Jacques Chapou retourna à la mairie de Cajarc et téléphona à la *feldgendarmerie* de Cahors en se faisant passer pour le premier magistrat de la commune ; la teneur exacte de la conversation qu'il eut alors ne nous est pas parvenue et c'est particulièrement regrettable : la réussite de son plan reposait sur sa capacité à faire croire aux Allemands que des maquisards ou des bandits étaient en ville, qu'ils étaient peu nombreux et qu'une intervention très rapide était nécessaire. Quoi qu'il en soit, il parvint à ses fins : un convoi composé de trois berlines de tourisme remplies de soldats quitta précipitamment Cahors pour prendre la D 662 en direction de Cajarc. En fin de matinée, roulant sans dispositions de sécurité particulières, les véhicules s'engagèrent dans la « tranchée » avant de tomber sur la barricade, d'où le fusil mitrailleur ouvrit le feu pour les arrêter ; aussitôt, les hommes placés au-dessus de la « tranchée » lancèrent leurs grenades et tirèrent au fusil, tandis que le fusil mitrailleur posté aux Trincades arrosait le convoi depuis l'arrière. Ce fut un succès total car, même si quelques Allemands réussirent à s'extraire des véhicules et à s'enfuir, la plupart furent tués durant l'engagement qui ne dura que quelques minutes.

Le déroulement de cette affaire appelle une question : le commandement allemand était-il si peu au courant des menaces potentielles qui guettaient ses hommes ? Il ne se préoccupa pas de savoir si la personne qui avait téléphoné pour donner l'alerte était bien le maire et, si oui, s'il était fiable : il lança en toute confiance, sur la foi de ses seuls dires, un convoi de trois véhicules légers sans dispositions de sécurité particulières sur un parcours de 50 kilomètres truffé d'emplacements favorables aux embuscades. Pour rappel, il s'agissait de berlines à partir desquelles il était presque impossible d'observer les alentours ou les hauteurs correctement et d'utiliser des fusils ou pistolets mitrailleurs en cas de combat de rencontre.

Vue de l'axe de tir du fusil-mitrailleur posté aux Trincades. La voiture blanche visible au milieu de la route se trouve à l'entrée de la tranchée, là où les autos allemandes furent prises sous le tir de ce fusil-mitrailleur.

Force est pourtant de constater que les événements des semaines précédentes auraient dû inciter les officiers allemands à plus de circonspection : pour ne retenir que les faits les plus marquants, on peut noter que, le 31 janvier précédent, un maquis FTPF s'était emparé de la gendarmerie de Figeac, à une vingtaine de kilomètres de Cajarc, dont il avait dérobé tout le matériel, tandis que le 31 mars c'était la prison de la même ville qui avait été attaquée par 400 hommes ; d'autre part, le 6 avril, les hommes de Chapou s'en étaient pris à un train transportant du benzol et de l'ammoniaque entre Cajarc et Cahors ; ils l'avaient détruit ainsi qu'une large portion de voies tout en endommageant gravement deux tunnels. A la même époque, les maquis de l'Armée Secrète n'étaient pas en reste, organisant aussi dans la même zone des sabotages de voies ferrées, ainsi que d'importants vols dans les dépôts de la Wehrmacht. Enfin, les Allemands savaient par leurs informateurs que les maquis étaient nombreux et actifs dans la région ; en janvier 1944, ils avaient d'ailleurs attaqué et détruit, non loin de Cajarc, le maquis Douaumont.

Les troupes allemandes cantonnées à Cahors étaient d'un niveau moyen : 400 conscrits allemands, 250 volontaires de la légion du Turkestan (le *Turkestanische Feld Bataillon I/370*, principalement recruté parmi les prisonniers de guerre soviétiques d'ethnie turque), 50 *feldgendarmes* et 20 agents du SIPO/SD (improprement appelé « Gestapo »). La plupart de ces hommes avaient l'expérience du combat et, même si leur équipement était inégal, notamment pour la légion du

Turkestan, il leur donnait néanmoins la supériorité face à des bandes de maquisards relativement mal armées.

Soldats de la légion du Turkestan

Le commandement allemand disposait donc non seulement des moyens pour faire effectuer une reconnaissance dans les règles, mais aussi des renseignements nécessaires pour étudier son ennemi et, de là, faire preuve d'un minimum de réflexion dans sa prise de décision. On reste donc confondu devant la légèreté avec laquelle il envoya trois véhicules légers avec des personnels simplement équipés d'armes légères, sans dispositions particulières, sur un long parcours favorable aux embuscades et dans une zone où les maquis étaient actifs. En fait, uniquement soucieux de procéder à quelques arrestations rapides, il fit « comme d'habitude ».

Averti par deux survivants de l'embuscade qui avaient réussi à trouver un téléphone, le commandement allemand pris cette fois la mesure de la situation et envoya une grande partie de ses troupes, accompagnées de Groupes Mobiles de Réserve (GMR, unités paramilitaires du régime de Vichy) et de miliciens français, investir Cajarc en vue de réduire la résistance des maquis qui y étaient installés. C'était ce qu'escomptait Jacques Chapou.

A l'ouest, ils abordèrent la zone aux alentours de 15 heures. L'emplacement de l'embuscade, maintenant connu, fut naturellement l'objet d'une reconnaissance offensive qui trouva les groupes postés aux mêmes endroits que le matin : il ne s'agissait pas d'une erreur des maquisards, car cette position était la seule d'où l'on pouvait commencer à ralentir l'ennemi sur la principale et plus facile voie d'accès de Cajarc ; en effet, de là on contrôlait les arrivées de la D 662 venant de Cahors et de la D 143 venant de Saint-Chels, mais aussi le débouché de celle-ci au passage du pont de Larnagol.

L'ennemi arriva effectivement depuis les trois directions possibles mais les groupes d'embuscade réussirent à résister plus d'une heure et demie avant d'être contraints au repli. Il en fut de même sur toutes les positions de l'arc nord de la ville (celle-ci étant adossé à la rivière au sud, ce côté fut juste bouclé), l'ennemi rencontrant ensuite, en avançant, différentes positions de défense échelonnées dans la profondeur.

A la tombée du jour, les éléments allemands, GMR et miliciens étant sur le point d'attaquer la dernière ligne de défense en périphérie du bourg, Jacques Chapou ordonna la rupture du contact, conformément à son plan. Leur ultime assaut tomba ainsi dans le vide, tandis que l'exfiltration des maquisards en direction de leurs refuges des causses se déroula ensuite sans problème majeur.

La mission de Jacques Chapou était accomplie : il avait bien démontré que les FTPF frappaient où ils le voulaient et quand ils le voulaient tout en restant insaisissables. Son succès eut naturellement un fort retentissement dans toute la région.

Monument dédié aux maquisards tués durant les combats de Larnagol le 10 avril 1944.

L'embuscade de Lanzac
(29 juillet 1944)

Depuis le débarquement allié du 6 juin 1944, la Wehrmacht ponctionnait régulièrement les troupes d'occupation stationnées dans le Sud-Ouest pour renforcer le front de Normandie. Dans les derniers jours de juillet, un convoi fut ainsi formé dans la région de Toulouse et envoyé vers le nord par la Route Nationale 20 (RN 20), qui reliait la ville rose à Paris via Montauban, Cahors, Brive-la-Gaillarde, Limoges et Orléans. Le commandant Georges Delmas, qui dirigeait les maquis Armée Secrète dans le nord du département du Lot, mit en place un dispositif destiné à, suivant les ordres reçus, lui interdire la circulation sur la RN 20 dans son secteur.

Si la plupart des chefs de la Résistance locale n'avaient qu'une faible expérience militaire, ce n'était pas le cas du commandant Delmas : né en 1890, mobilisé dans l'infanterie comme sergent à la déclaration de guerre de 1914, il fut blessé neuf fois durant le conflit qu'il finit au grade de capitaine avec onze citations. Il passa ensuite deux ans en occupation en Rhénanie avant d'être affecté au Levant où il récolta quatre nouvelles citations et une dixième blessure durant la campagne de Cilicie. Après un passage à la brigade des Sapeurs-Pompiers de Paris, il fut en 1925 muté dans la gendarmerie où la qualité de ses actions, notamment dans la formation des cadres, fut récompensée à plusieurs reprises. Il participa ensuite à la campagne de 1940, où il se fit une nouvelle fois remarquer, obtenant sa seizième citation et sa onzième blessure. Prenant sa retraite en 1942, il s'engagea immédiatement dans la Résistance au sein des groupes de l'Armée Secrète, qui récupérèrent ainsi un officier bien formé, doté d'une forte expérience militaire, connaissant les Allemands et, ex-gendarme, disposant d'une certaine capacité à utiliser le renseignement.

Lotois d'origine, parcourant le pays dans tous les sens depuis deux ans, le commandant Delmas connaissait bien le tracé de la RN 20 dans son secteur. Les renseignements en sa possession faisaient état du déplacement d'une colonne composée d'une trentaine de camions transports de troupes et de voitures particulières, protégée en tête et en queue par des blindés légers ; l'effectif total transporté se situait aux alentours de 450 soldats. D'autre part, Delmas savait que ce convoi avait pour ordre de rejoindre au plus vite la Normandie où la pression des Alliés se faisait de plus en plus forte.

L'embuscade de Lanzac

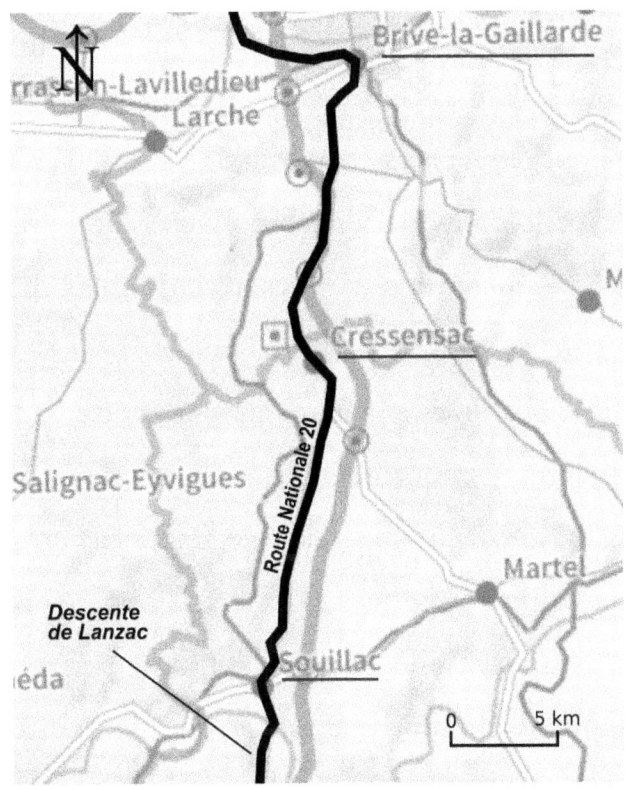

Parcours de la RN 20 entre Lanzac et Brive-la-Gaillarde

Sa mission ne concernait que la RN 20 : il n'était pas question pour lui de diluer ses forces à essayer d'interdire les axes parallèles pouvant être empruntés pour arriver à des ponts franchissant la Dordogne. Il y avait d'ailleurs peu de chances que les Allemands se risquent à s'éparpiller dans une région en proie au soulèvement général des maquis depuis bientôt deux mois. L'exemple de la 2e Division SS Das Reich devait d'ailleurs inspirer à la prudence dans ce domaine. Elle s'était en effet dispersée pour couvrir le maximum de terrain et se flancgarder le long de la RN 20 en remontant vers le nord, mais il s'agissait d'une unité forte de 15 000 hommes et de 400 véhicules dont 200 chars : ses possibilités n'avaient rien de commun avec le convoi attendu par Delmas et, pourtant, elle avait rencontré quelques difficultés avec des nids de résistance positionnés sur les axes secondaires.

Officier habitué à suivre les ordres, le commandant Delmas chercha uniquement à correctement exécuter la mission qu'il avait reçue. Il décida de frapper l'ennemi dans la descente de Lanzac où, sur 2 km environ, la route passait d'une altitude de 300 à 150 mètres, longée d'un côté par de petites falaises et un relief montant, tandis que de l'autre elle était partout bordée de fortes pentes négatives ; il était impossible à des camions d'y manœuvrer ou de quitter la chaussée sous le feu. Delmas repéra notamment un tronçon d'un peu moins d'un kilomètre, au niveau et en dessous d'une tonne à goudron, qu'il était possible de balayer avec trois armes automatiques prenant de larges portions de route en enfilade. C'est là qu'il choisit de faire son effort.

Pour une meilleure efficacité, il fallait cependant que le convoi s'engage dans la zone d'embuscade à vitesse réduite ; il décida de le freiner en deux temps : un premier fusil-mitrailleur Bren serait posté à 5 kilomètres environ du point d'embuscade, puis deux autres à 1200 mètres ; leurs servants auraient une durée de feu limitée et un maximum de cartouches à tirer, car il ne fallait pas inciter l'ennemi à manœuvrer avant l'embuscade proprement dite. Ensuite, deux kilomètres en aval de celle-ci, un dernier élément serait installé de manière à prendre à partie le convoi affaibli lorsqu'il passerait le pont de Lanzac avant d'entrer dans Souillac. Enfin, pour finir, des groupes seraient disposés après Souillac, là où la RN 20 montait 200 mètres sur une quinzaine de kilomètres, dont 150 sur les quatre premiers, avant d'atteindre Cressensac ; dans ce secteur se trouveraient aussi des éléments de maquis FTPF, l'ensemble faisant la jonction avec les résistants corréziens chargés de prendre en compte ce qu'il resterait du convoi allemand une fois qu'il aurait quitté le département du Lot. Enfin, le commandant Delmas donna à tous ses chefs de groupe des consignes d'ouverture du feu très strictes, en insistant notamment sur le fait « qu'il fallait laisser passer les blindés pour mieux ouvrir le feu sur les autres véhicules transportant du personnel ». D'une manière générale, les ordres qu'il donna étaient extrêmement simples et précis : il savait ses hommes globalement inexpérimentés, peu formés, et il fallait éviter toute prise d'initiative malheureuse ; la réussite de son plan en dépendait.

Fusil-mitrailleur Bren

Le commandant disposait aussi de lance-grenades antichars PIAT. Ces engins n'avaient cependant qu'une centaine de mètres de portée avec une précision toute relative : les utiliser aurait alourdi et rendu son dispositif vulnérable aux armes légères d'infanterie alors que le nombre de blindés annoncés était réduit et que, d'autre part, les détruire n'aurait pas apporté grand' chose à la réussite de sa mission ; les PIAT restèrent dans les caches d'armes.

Le 24 juillet, le commandant Delmas fut averti que le convoi allemand pouvait faire mouvement d'un moment à l'autre. Aussitôt, il donna les ordres de mise en place à ses hommes, qui furent très rapidement à pied d'œuvre. Il ne se passa rien pendant quatre jours, ce qui fut sans conséquence car il avait pris des dispositions tactiques et logistiques pour une attente éventuelle. Enfin, le 29, on apprit que la colonne était sur le point d'arriver.

L'embuscade de Lanzac

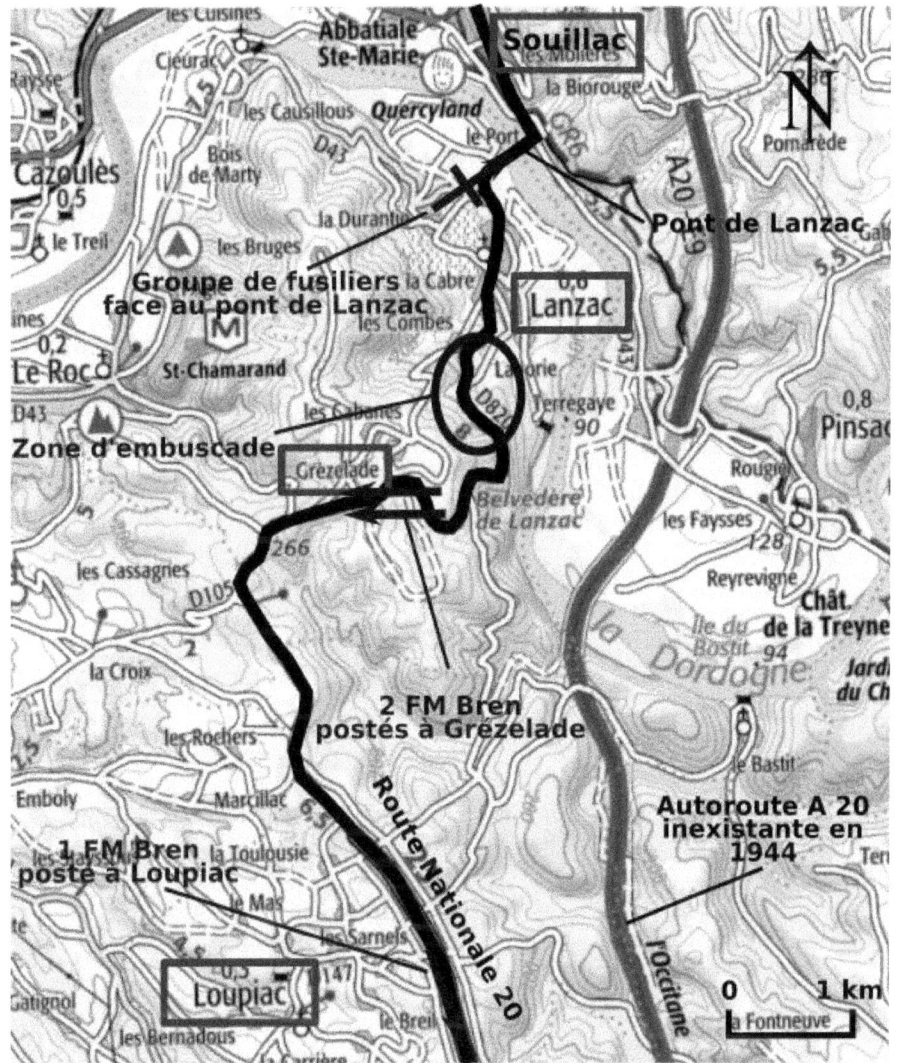

Dispositif général de l'embuscade de Lanzac

Partie de Montauban le matin, passant ensuite par Cahors, elle roula sans aucune difficulté ni accrochage durant plus d'une centaine de kilomètres. Mis en confiance par cette apparente tranquillité et obnubilés par leur volonté de rallier la

Normandie au plus vite, les Allemands roulaient à vive allure sans respecter la moindre discipline de marche : un élément de tête, composé d'une automitrailleuse et de quatre ou cinq camions, ouvrait la route immédiatement suivi par une autre automitrailleuse précédant le gros du convoi ; le tout ne formait qu'une seule colonne de véhicules roulant à la queue-leu-leu, avançant en accordéon sans aucun égard aux distances et autres mesures de sûreté.

Vue du champ de tir des 2 fusils mitrailleurs postés à Grézelade.

Vers midi trente, arrivés à hauteur de Loupiac, les éléments de tête furent pris à partie par le fusil-mitrailleur du groupe posté là par le commandant Delmas. Les véhicules pilèrent. Après un court moment de flottement, des hommes jaillirent des premières voitures et, immédiatement, tentèrent de déborder les maquisards. Ils tombèrent dans le vide car les ordres de Delmas avaient été suivis à la lettre : un « engagement vif, rapide et violent avant de rompre le contact sans se laisser accrocher ». Le chef du convoi, quant à lui, ne se laissa pas retarder : sans modifier son dispositif en quoi que ce soit, il relança sa colonne en avant.

Cinq kilomètres plus loin, le convoi arriva à Grézelade et entama la grande descente vers Lanzac. Les deux fusils-mitrailleurs postés là par Delmas disposaient d'une position exceptionnelle leur donnant des possibilités de tir sur un tronçon de route long de plus de 700 mètres. Dès que la colonne y fut bien engagée, les servants ouvrirent un feu effréné, vidant chargeur sur chargeur, secondés par leurs camarades fusiliers et des grenadiers. Une nouvelle fois surpris, les chauffeurs enfoncèrent les pédales de frein mais la pente fit que, roues bloquées, plusieurs camions se rentrèrent les uns dans les autres ; le fait que de nombreux chauffeurs étaient des civils français réquisitionnés, sans expérience du feu et avant tout soucieux de sauver leurs peaux, rajouta encore à la confusion. Pris au piège dans les caisses des camions, les soldats furent gagnés par l'affolement : les balles sifflaient de tous les côtés et les grenades rebondissaient sur les bâches avant d'exploser aux pieds des véhicules. La plupart n'eurent pas le temps de débarquer et de se mettre en position : la durée du tir décidée par Delmas terminée, le feu d'enfer stoppa aussi brusquement qu'il avait commencé ; comme prévu, les maquisards s'exfiltrèrent rapidement et furtivement.

Une nouvelle fois, le chef du convoi remit sa colonne en route sans prendre de dispositions particulières. 1200 mètres plus loin, le lieutenant commandant l'embuscade de la tonne à goudron laissa passer les premiers véhicules avec les deux automitrailleuses et, dès que la seconde fut sortie de son champ de vision, il fit ouvrir le feu de toutes ses armes. Les deux tiers du convoi étaient dans la nasse : sur un peu plus de 700 mètres, pas un tronçon de la route n'échappait à l'un des deux fusils-mitrailleurs Bren ou à la mitrailleuse Browning 1919 servis par les maquisards ; des fusiliers complétaient le dispositif.

Les Allemands furent initialement en proie à une certaine panique mais ils ne tardèrent pas à se ressaisir ; le chef du convoi fit remonter la route aux quatre ou cinq derniers véhicules, qui n'étaient pas pris sous le feu, et les envoya avec leurs hommes déborder les positions des maquisards par les hauts en suivant la vieille route joignant Grézelade à Lanzac. Il leur fallut plus de 20 minutes pour arriver à pied d'œuvre et prendre les groupes d'embuscade à revers ; comme leurs ordres le précisaient, ces derniers rompirent violemment le contact dès qu'ils furent pris à partie et s'exfiltrèrent vers leurs points de repli sans encombre.

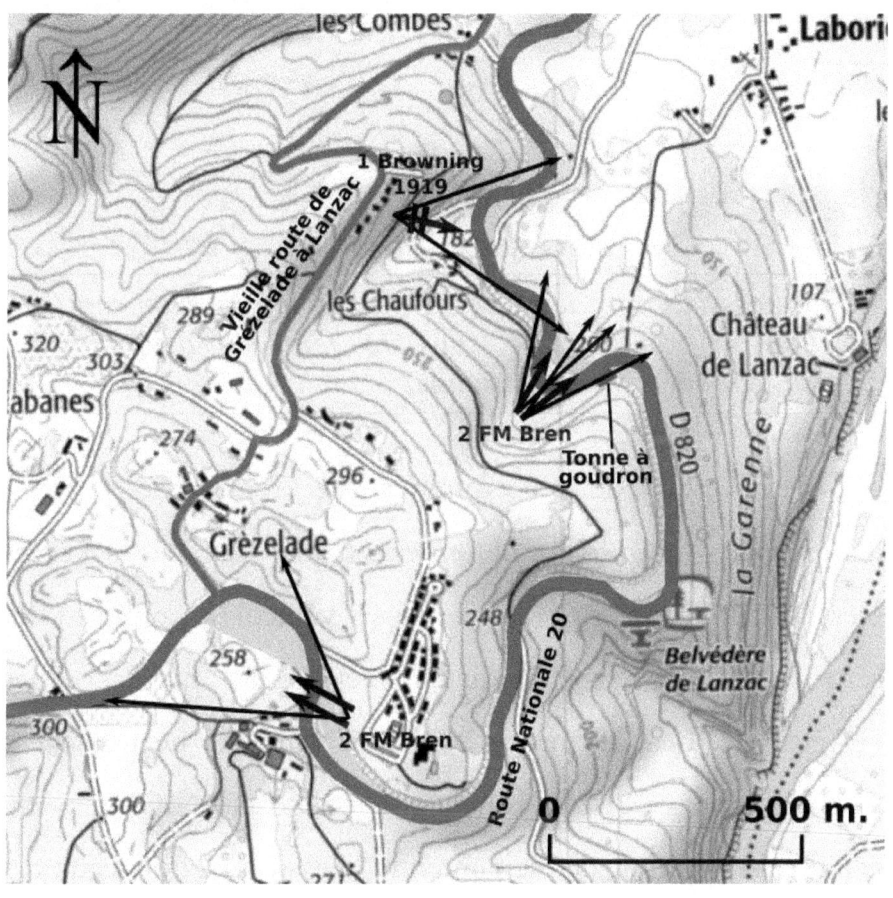

Le dispositif de l'embuscade à la tonne à goudron

Photo prise au niveau de la tonne à goudron, montrant la portion de route prise sous le feu des deux fusils mitrailleurs durant l'embuscade.

Les plus de 20 minutes de feu avaient causé d'importants dégâts à la colonne : en plus des morts et des blessés, une grande partie des véhicules avaient été sérieusement touchés : radiateurs et durits percés, roues crevées, etc. Les Allemands attelèrent ceux qui ne pouvaient plus démarrer à ceux qui roulaient encore et le convoi repartit, cahin-caha. Comme de bien entendu, il essuya de nouveaux tirs en s'engageant sur le pont de Lanzac, mais le chef de colonne ne fit pas stopper, soucieux d'atteindre Souillac rapidement pour s'y mettre à l'abri.

Photo prise depuis le Pont de Lanzac (Louis Vicat) en direction de Lanzac, par où arriva le convoi allemand. Les maquisards qui le prirent à partie étaient postés au niveau des habitations blanches visibles en fond de tableau.

Il était aux alentours de 15 heures lorsque le convoi s'immobilisa enfin dans Souillac. Aussitôt, chauffeurs et mécaniciens s'employèrent à essayer de réparer les véhicules endommagés tandis que les blessés furent soignés. Le chef du convoi envoya de suite une reconnaissance, forte d'une automitrailleuse et de cinq camions, sur la RN 20 en direction de Brive-la-Gaillarde pour évaluer le dispositif des maquisards. Quant au commandant Delmas, habillé en bleu de chauffe, il se rendit lui-même sur place pour se rendre compte de l'état de la colonne ; voyant qu'elle était encore en mesure de poursuivre son chemin, il fit renforcer son dispositif de harcèlement au nord de la ville, toujours sur la RN 20.

L'élément de reconnaissance allemand tomba dans une embuscade à un kilomètre de Souillac ; l'engagement dura une vingtaine de minutes, puis les maquisards se replièrent tandis que les Allemands restèrent sur place, ne pouvant aller plus loin car un groupe FTPF avait fait sauter une portion de route.

Le gros de la colonne ne se remit en route que vers 18 heures et il rejoignit alors l'élément de reconnaissance bloqué devant la coupure. Des équipes de terrassiers furent formées pour la combler, mais le feu constant des maquisards disséminés sur les hauteurs ne permit pas au travail d'avancer normalement. Le chef du convoi monta plusieurs contre-attaques pour essayer de museler les assaillants, mais elles tombèrent toutes dans le vide, les ordres de Delmas d'éviter de se laisser accrocher étant toujours respectés. Il en fut de même une fois la coupure – péniblement – réparée et franchie. Seul, un groupe FTPF posté sur une position défavorable, en haut de la côte non loin de Cressensac, fit durer le feu plus qu'il ne le fallait et, abordé par l'ennemi, laissa quatre tués sur le terrain. Pour le reste, la colonne allemande rentra dans la zone des maquis corréziens gravement amoindrie, laissant derrière elle, sur les bas-côtés de la Nationale ou au fond des ravins qui la bordaient, de nombreux camions, plusieurs voitures et une de ses deux automitrailleuses.

Les erreurs allemandes.

En recevant sa mission, le chef du convoi allemand avait dû être informé que les maquis étaient particulièrement actifs au nord de Cahors depuis le 6 juin 1944. Des accrochages avaient lieu un peu partout, les chemins de fer étaient sabotés, les infrastructures utiles à l'occupant sautaient. Les axes étaient régulièrement coupés d'embuscades et la division Das Reich, un mois et demi plus tôt, en avait rencontré plusieurs, tant sur la RN 20 qu'ailleurs. D'autre part, il était connu que les services de renseignement de la Résistance étaient relativement efficaces ; en laissant la colonne, dont les premiers éléments avaient été rassemblés le long du littoral méditerranéen, stationner plus de trois jours à Toulouse avant de reprendre la route, on leur avait largement laissé le temps d'agir : comme le montrent les ordres reçus par le commandant Delmas, la Résistance avait appris quelle serait la composition globale du convoi et le trajet qu'il allait emprunter. Le chef allemand aurait-il dû se douter qu'il serait attendu ?

Quoi qu'il en soit, il devait mener sa colonne au cœur d'un pays en proie à l'insurrection en suivant un axe dont de nombreuses portions étaient visiblement très favorables aux embuscades. Sa mission était d'amener des renforts pour le front de l'Ouest le plus rapidement possible, mais il semble qu'il n'a pas pris la mesure des nuances impliquées par ce « plus rapidement possible » : après plusieurs dizaines de kilomètres parcourus sans voir l'ennemi, il laissa son convoi rouler comme une rame de véhicules en temps de paix : élément de tête et gros étaient confondus, chaque véhicule suivant l'autre sans autre souci que de le coller au plus près pour ne pas perdre le rythme.

Le feu du premier fusil-mitrailleur, à Loupiac, aurait dû lui rappeler quelques mesures élémentaires de sûreté, mais il n'en fut rien : cinq kilomètres plus loin, la colonne se présenta dans le même agencement à Grézelade, où elle essuya le tir des deux Bren très bien placés. Pour la suite du parcours, un seul regard sur une carte, ou même simplement sur le terrain qui se dévoilait, montrait en effet que la zone à franchir était un coupe-gorge particulièrement favorable à une action ennemie ; le chef du convoi prit-il alors des dispositions pour assurer la sûreté de sa colonne ? Non : sans rien changer à l'ordonnance de ses véhicules et de ses troupes, il les poussa derechef dans la descente, les envoyant à coup sûr dans la gueule du loup.

Après les accrochages de Loupiac et de Grézelade, le chef du convoi disposait-il de quoi prendre des mesures adaptées pour franchir la descente de Lanzac avec un minimum de sûreté ? Sans donner de leçon à postériori de façon péremptoire, on peut néanmoins répondre par l'affirmative en mettant quelques faits en avant. D'une part, il commandait plusieurs centaines d'hommes bien équipés de fusils, de pistolets mitrailleurs et de fusils-mitrailleurs ; il aurait ainsi pu placer quelques groupes d'appui sur les hauteurs surplombant la RN 20 dans la descente de Lanzac pour permettre le passage en sûreté de ses véhicules ; d'autre part, il avait deux automitrailleuses qui, accompagnées d'infanterie embarquée en camion, auraient pu effectuer la reconnaissance minutieuse nécessaire. Enfin, il avait remarqué l'existence de la route qui, partant de Grézelade, joignait Lanzac par les hauteurs en longeant la RN 20 ; il s'en servit d'ailleurs ensuite pour essayer de déborder les maquisards en embuscade ; malgré cela, il ne la fit même pas reconnaître, ce qui lui aurait pourtant permis de savoir qu'elle était plus favorable à une progression en sûreté vers Lanzac que la Nationale : la chaussée était peu encaissée, environnée de champs et d'espaces ouverts à la végétation clairsemée, propices aux manœuvres de dégagement. A défaut d'utiliser cette route, on peut estimer qu'il aurait au moins pu envoyer sa colonne sur la RN 20 par petits groupes suffisamment espacés pour qu'ils ne puissent pas être tous pris en embuscade sur la même portion de terrain.

Arrivé à Souillac, il se décida enfin à envoyer une reconnaissance sur la RN 20 au nord de la ville. L'automitrailleuse et les cinq camions qui la composaient furent arrêtés après un kilomètre seulement par une embuscade doublée d'un trou béant creusé dans la route à l'explosif ; cela n'annonçaient rien de bon pour la suite, le parcours suivi par la RN 20 jusqu'à Brive-la-Gaillarde étant bordé de zones favorables aux embuscades de manière identique à la portion précédant Souillac ; d'autre part, il fallait prendre en compte le fait que les mécaniques éprouvées et réparées hâtivement à Souillac risquaient d'avoir quelques peines à monter jusqu'à Cressensac, ce qui rajouterait encore à l'efficacité des embuscades. Ecoutant le compte-rendu de sa reconnaissance et sachant celle-ci bloquée sans aucune possibilité d'avancer par la RN 20, le chef de convoi aurait pu l'envoyer chercher un itinéraire de contournement. Il n'en fit rien : l'automitrailleuse et les cinq camions, soit pas loin d'une centaine d'hommes, restèrent durant plus de deux heures et demie inutilement immobilisés en attendant d'être rejoints par le gros du convoi. Ce n'est qu'à ce moment là que l'on commença à s'employer laborieusement, sous le feu, à combler le trou de la route : on aurait voulu laisser tout le temps nécessaire aux maquisards pour renforcer et améliorer leur dispositif sur le reste du parcours que l'on ne s'y serait pas pris autrement. Après avoir franchi la coupure, la colonne déjà fortement affaiblie à Lanzac se fit étriller lors des accrochages successifs qui émaillèrent sa progression, perdant toute capacité de manœuvre et de réaction avant d'entrer dans le dispositif des maquis corréziens.

Il convient de garder un mot sur l'état d'esprit des deux troupes opposées. Côté français, les maquisards étaient sortis de la clandestinité deux mois plus tôt ; liés à la dynamique alliée, les auspices leurs étaient favorables et ils avaient la gagne ; l'humiliation de juin 40 et de quatre ans d'occupation les tenaillait. Leur chef, le commandant Delmas, était un vieux guerrier dynamique qui savait donner de sa personne, réfléchir et, surtout, se faire obéir. En face, on était sur le reculoir depuis déjà plusieurs mois et la chasse aux sorcières consécutive à l'attentat du 20 juillet 1944 contre Hitler battait son plein. D'autre part, les soldats du convoi étaient pour la plupart très jeunes et manquaient de mordant ; lors du débordement des groupes d'embuscades de Lanzac, ils avaient attaqué assez mollement et n'avaient même pas fait mine de poursuivre les groupes en rupture de contact ; plus tard, dans la montée allant de Souillac à Cressensac, alors qu'embuscades et accrochages avaient déjà été très nombreux, une automitrailleuse tomba en panne et son équipage débarqua au complet pour vérifier la mécanique sans prendre la moindre mesure de sûreté : ils furent tirés comme des lapins par des maquisards embusqués à proximité. Surtout, l'attitude du chef de colonne dénotait, peut-être au-delà d'une incompétence caractérisée, une désinvolture doublée d'un fatalisme à priori inébranlable.

La simplicité et le bon sens tactique avec lesquels le commandant Delmas prépara l'embuscade de Lanzac est un véritable cas d'école. Le caractère judicieux de ses choix apparut lorsque le feu fut déclenché, où tout se déroula comme prévu et même bien mieux : il n'aurait en effet sans doute jamais pu imaginer que son adversaire ferait fi des menaces potentielles qui le guettaient, des possibilités du terrain et, surtout, des dispositions tactiques de base pour assurer une sûreté minimum à son convoi. Les mesures prises, ou plutôt non prises, par cet officier allemand interpellent : il aurait voulu que son convoi soit totalement détruit qu'il ne s'y serait pas pris autrement. C'est d'ailleurs de qui arriva car, déjà fortement entamée dans la descente de Lanzac, puis encore affaiblie entre Souillac et Cressensac, sa colonne fut ensuite progressivement détruite par les maquis corréziens et aucun véhicule ne parvint à atteindre Brive-la-Gaillarde.

Conclusion

Que retenir de ce voyage dans le temps, au milieu du fracas des combats ? En premier lieu, sans doute, que le Quercy ne fut pas toujours le havre de paix et de tranquillité qu'il est devenu aujourd'hui. Ensuite, que ses habitants, habituellement d'un caractère paisible, n'hésitèrent pas à prendre les armes lorsqu'ils estimèrent leur liberté, leur style de vie ou leurs maisons menacées. Ils luttèrent ainsi farouchement contre les Romains, les Anglais et les Allemands, mais aussi, désunis, les uns contre les autres durant les guerres de Religion. Les quelques épisodes rapportés dans cet ouvrage ne racontent cependant pas les conflits de grande ampleur au sein desquels ils prenaient place : pour ne citer que deux exemples, la guerre de Cent Ans, portant bien son nom ici, dura effectivement un siècle en Quercy, tandis que les huit guerres de Religion s'échelonnèrent par intermittence pendant plus de trente années. Ainsi, à côté de quelques hauts faits d'armes, il faut garder à l'esprit les calamités et les malheurs qui furent alors le lot quotidien de la population.

Tables des matières

Introduction _____ 3

Uxellodunum, le dernier combat (51 avant J.-C.) _____ 5

La prise de Fons et ses conséquences (juin-septembre 1356) ____ 19

La bataille de Montauban – la Ville-Dieu-du-Temple (août 1366) 29

L'échec de la chevauchée Chandos-Knoles (mars-juin 1369) ____ 41

La prise de Figeac (14 octobre 1371) _____ 61

Le siège du château de Mercuès (1428) _____ 69

Les opérations de la première guerre de Religion (1562-1563)___ 79

La bataille de Cahors (29 mai – 1er juin 1580) _____ 89

La Garde Nationale du Lot au combat (1870-1871)_____ 123

Les Lotois dans l'enfer de Verdun (1916)_____ 137

Les combats de Cajarc – Larnagol (10 avril 1944). _____ 151

L'embuscade de Lanzac (29 juillet 1944) _____ 165

Conclusion _____ 187

Tables des matières_____ 188

www.ingramcontent.com/pod-product-compliance
Lightning Source LLC
Chambersburg PA
CBHW071710090426
42738CB00009B/1734